学习可以很快乐

丹麦的幸福教育是如何成功的

[丹麦]马库斯·波恩森 [韩]吴连镐 —— 著

彭瑞文 —— 译

HAPPY SCHOOL

中信出版集团 | 北京

图书在版编目（CIP）数据

学习可以很快乐：丹麦的幸福教育是如何成功的 /
（丹）马库斯·波恩森，（韩）吴连镐著；彭瑞文译 . --
北京：中信出版社，2023.11
书名原文：Happy School - Secrets from
Denmark's Best Teachers on Raising Confident,
Creative and Motivated Children
ISBN 978-7-5217-5619-7

Ⅰ. ①学… Ⅱ. ①马… ②吴… ③彭… Ⅲ. ①教育－
研究－丹麦 Ⅳ. ① G553.4

中国国家版本馆 CIP 数据核字（2023）第 208191 号

学习可以很快乐——丹麦的幸福教育是如何成功的
著者： 　　[丹麦]马库斯·波恩森 　[韩]吴连镐
译者： 　　彭瑞文
出版发行：中信出版集团股份有限公司
　　　　　（北京市朝阳区东三环北路 27 号嘉铭中心 　邮编 100020）
承印者： 　北京通州皇家印刷厂

开本：880mm×1230mm 1/32 　　印张：7 　　　字数：92 千字
版次：2023 年 11 月第 1 版 　　　印次：2023 年 11 月第 1 次印刷
京权图字：01-2022-4179 　　　　 书号：ISBN 978-7-5217-5619-7
定价：42.00 元

译者序
走上与孩子共同成长的幸福之路

与作者马库斯相似，我也有儿女，也认为孩子能给人生带来重启的机会——能与一个生命同行一段，何其有幸！因此，为人父母后，无论是对家庭、事业还是对人生的意义，都有了与以往不同的看法和认识。

我是一个南方人，因为小时候从一本小说上读到"离家的人最有出息"，16岁就只身一人前往英国留学。读完大学去美国生活了几年，回国工作了几年后开始读博，掐指一算，刚好又过去16年。也许正是这种在东西方文化中学习、工作和生活的经历，让我和马库斯更愿意以比较的视角来审视自身以及子女受教育的过程吧！

与本书结缘是因为我在清华大学终身学习实验室工作。这是清华大学与丹麦乐高基金会共建的科研机构，致力于培养创新人才。我有幸在 2017 年前往乐高的发源地参加一年一度的"乐高想象者大会"（LEGO Idea Conference）。一位老爷爷随手用几根小木棍和吸管给我儿子做了一个小玩意儿吸引他的注意力，让我得以更加专心地参加会议。只会说中文的 4 岁儿子竟然可以和外国小朋友玩得不亦乐乎、毫无障碍地交流，也令我印象深刻。后来我才知道，这个喜欢"变废为宝"的老爷爷叫古普塔（Gupta），他把自己制作玩具的视频都免费分享到网上，让许多孩子在 DIY（Do It Yourself，自己动手做）的过程中学习科学知识，培养兴趣。2018 年，我随"中国教育三十人论坛"一行拜访了丹麦和芬兰的幼儿园和学校，一方面揭开了我对"斯堪的纳维亚"教育的迷思，另一方面也让我思考它们与国内教育的不同：究竟鱼和熊掌能否兼得？再后来，我在新冠疫情期间参与了乐高基金会和我们实验室的研究项目，理论结合本土实践，形成了"万物可造"玩教具的设计方法，帮助孩子们在玩中学，也在学中玩，让孩子们变得更加快乐、自信、有创造力。正是向丹麦教育取经的契机让我有机会认识了本书的作者马库斯·波恩森。

马库斯是一位非常"斯堪的纳维亚"的父亲，有着当记者的敏锐。在目睹了韩国的教育现状后，他回到丹麦，遍访名师，最终选取了最具代表性的十位教师，并把和他们的访谈浓缩到这本书中，让读者得以透过他的视角，管中窥豹。如果让我用一句话来概括重点，我觉得可能是："好的关系才有好的教育。"无论是他总结出来的十条教育原则，还是各位优秀丹麦教师在每章结尾处给出的教学建议，想必都会让我国的教师和家长有所共鸣，受到启发。

因此，在快速完成翻译后，我花了很多时间来采访，选出了我心目中十分优秀的十位教师，他们是：冯旭初（广州市第七中学特级数学教师，已退休）、林国军（内蒙古自治区赤峰市乌丹第四中学特级物理教师，已退休）、郑舒文（华南师范大学附属中学艺术科组长）、翟香云（北大附中教育集团小学课程教研主管）、金云（清华大学附属中学英语教师）、白雪（成都市实验小学语文教师）、王芳杰（一土学校创校教师）、林宇（清华大学终身学习实验室教研主管）、陶潜（探月学校教育者发展中心课程总监）和王宇晨（深圳市新华中学道德与法治教师）。从"50后"到"90后"，我看到这些老师就像闪耀的星星一样绽放光芒，在神州大地上熠熠生辉。

结果，我惊讶地发现，我们国内这些优秀教师代表所践行的教育原则其实与本书中谈到的那些原则几乎如出一辙。这些教师会尊重每一个学生，会去思考学习的本质问题，都非常重视自我的学习成长以及心态是否乐观积极。同时，他们的教育理论和教学方法也来自多年的一线教学经验和不断反思。例如，林国军老师说："学生的学习活动，是学生参与的双向交流。教师不能包办代替，要让学生参与到教学活动中，做智慧型的'懒老师'。"翟香云老师认为："我们既要重视传统，也要有开放的视野。"金云老师补充道："还要敢于探索和创新。"林宇老师提到："要尊重学生的个体差异，不用急于求成，要给予学生充分尝试、犯错和修正的机会。"王宇晨老师认为"真实坦诚是最好的'武器'"，她愿意一直倾听学生的意愿，尊重他们的解决方法，并和他们一起不断实践，共同成长。在与老师们的访谈中，我看到了民族的希望和更好的未来。

那么，到底丹麦教育为什么让人快乐？他们凭什么"人均"诺奖得主以及在综合创新能力和国民幸福指数上数一数二呢？国内已有许多教育专家对这种具有民族性的创新能力做过分析和解读。例如，杨东平教授曾撰文讨论："衣食无忧，做自己最喜欢、最擅长的事，内心愉悦而幸福，那创造力能不喷涌爆棚吗？那是为稻粱谋，或者用鞭子抽着赶着的状态能比较的吗？我想，这就是一个热爱手艺的木匠，能够打造出乐高这样的国际大品牌的原因。"从某种角度来看，丹麦和芬兰等北欧国家在社会经济、文化教育和科技发展等方面比较相似，韩国和日本等东亚教育体系也具有一定的相似之处。我们如今的课堂教学模式其实是 18 世纪由普鲁士人发明的，已经远远无法适配当今的社会发展和人民需要了。比起以往任何一个时期，任何一个国家都更需要有创造力、充满好奇心并能自我引导的终身学习者，需要他们在面对复杂多变和不确定的未来时，能够提出新颖的想法，并付诸实践，从而把这个世界建设得更加和谐美好。

最后，我衷心地希望这本中译版能为不同的文化和教育同行架起更多友谊的桥梁，让我们家长逐渐摆脱焦虑，走上与孩子共同成长的幸福之路！

彭瑞文

作者序
丹麦教育为什么让人快乐

丹麦有句谚语:"自诩你最懂自己——直到你有了小宝宝。"孩子会改变你对事物的看法、对世界的认知。

这一点我深有体会。我在丹麦长大,在那里上幼儿园,念小学、中学,直到大学毕业。后来我当上了记者并被派驻海外,周游列国的经历让我多少有了些"世界公民"的感觉。我自认为能够迅速适应别国的文化,比如在中国、柬埔寨、韩国生活和工作的时候,我感觉自己特别适应亚洲的规范和传统。

但后来我有了孩子,准确地讲,在不到两年的时间里有了三个孩子!老大是个男孩,叫彼得。老大出生一年多之后,我妻子又生了一对龙凤胎,男孩叫雅各布,女孩叫瑞贝卡。我们从夫妻二人的小家庭一下子变成了五口人的大家庭！2014 年夏，我们一大家子从丹麦哥本哈根搬到了韩国首尔。当时我的妻子在丹麦大使馆工作，而我在《周末报》负责韩国和中国地区的新闻报道。

在东北亚大都会的生活与在哥本哈根非常不同，但我们也很享受首尔的快节奏与活力。那里的人热情好客，尤其喜欢小孩子。无论我们到哪儿，人们看到我们蹒跚学步的孩子都会驻足、冲孩子做鬼脸、捏孩子的脸蛋儿、给孩子塞好吃的。

到了周末，我们就会到城郊进行户外探索，欣赏美景。我把双胞胎放在一个特制背带里，一个在胸前，一个在背后，这样我们全家都可以去山上徒步了。我对我们在亚洲的新生活非常满意。看着孩子们成长，我知道我们在给他们一个很好的人生起点。

然后他们要上幼儿园了，就在家附近，从我们的公寓出来，上个坡就到。那里的老师都很棒，又专业，又富有爱心。孩子们很快就对老师产生了依恋。但我也开始察觉到，这里的幼儿园与我们家乡的幼儿园有一些差异。随着我观察的深入，这些差异渐渐成了鸿沟。

我和妻子都来自教师家庭。我的岳父岳母都是老师，我们在丹麦的许多朋友和家人从事着各式各样和教育相关的工作。当我还是一名学生的时候，我就在哥本哈根一所幼儿园做代课老师。我们的成长历程充满了对教育、知识、幸福以及"孩子们的美好生活应该什么样"的讨论。

但这一切在这儿变得不同。首先，韩国的幼儿园似乎更像学校。当时大儿子3岁，已经开始学习字母和数字了。每周两次，一位中文老师会用唱歌的形式教中文，教学方法似乎很奏效。没多久，彼得就可以认识一些韩语单词和汉字。每天下午我接他放学时，都会看到他正在做加减法；在我们一起回家的路上，他还会用中文唱起童谣。一方面我挺为他骄傲，但另一方面又觉得哪些地方有点过了头。

我开始思索，离开丹麦的决定会让孩子的成长缺失什么。在丹麦的幼儿园里，孩子们大部分时间都在玩耍。没有数学，没有字母，更没有什么外语。他们每天都会去户外，花整天整天的时间徜徉在森林里、海滩上。在丹麦，许多父母把孩子送到"森林幼儿园"：他们早上被校车接走，整天在户外度过，下午再乘校车回到城里。在森林里，可能会有一个小木屋或避难所用来遮风挡雨，但大多数时光他们都是在户外度过的。他们会自己生火做饭。到了冬天，他们戴上羊毛帽，穿着连体裤和小靴子，像小企鹅一样走来走去。

斯堪的纳维亚人非常热衷于带孩子去户外。因为我们相信这能塑造孩子的性格，让他们在以后的人生中更有韧性。在没有电子屏幕和塑料玩具的大自然中，孩子们在玩耍时必须发挥他们的想象力。在与别的孩子交往的过程中，他们必须提出自己的规则，经过协商来确认自己的定位。在户外，他们完全自主地体验着季节流转，探索着世界变迁。漫步雨中、踩踏雪地……亲身体会不同的天气，激发着他们的各种感官，使他们建立自信。他们会更好地了解自己身体的各个部位，知道自己能做什么，不能做什么。

在韩国，这种情况却很少。虽然我们喜欢在那里生活和工作，但随着时间的流逝，我发现自己更渴望斯堪的纳维亚那种与孩子相处的方式。我不想总是逼迫他们不断学习更多的知识，而是希望他们能够按照自己的节奏成长、发展能力。随着年龄的增长，他们会有足够的时间学习语法和多步骤除法。在他们生命最初的五六年时间里，我希望他们只是做个孩子。

我这才开始意识到，我骨子里有多么"斯堪的纳维亚"，也算不上真正的"世界公民"。我想让自己的孩子拥有和我一样快乐的童年，我想让他们尽情玩耍。我想让他们和其他孩子在一起玩，而不是去做什么任务。我想让他们把时间花在户外，不想他们花太多时间锻炼什么"学术能力",至少现在不用。我相信,如果不在他们小的时候施加过多压力,他们将来在工作和生活中会更有创意、更具创新精神,也更加高效。有句话对我来说再明显不过,但对我所认识的韩国人来说却全然无法接受:如果老师和父母给孩子们多一点点空间,我们的孩子终将变得更加快乐,更有动力去学习新知。我认为全世界的孩子都是如此。

统计数据看起来也支持我这个观点。即使那么多丹麦儿童把童年的大部分时间花在森林里,而不是教室里,他们中的绝大部分也能很好地融入正式教育。超过90%的丹麦人完成了高中学业,大约40%的成年人接受过大专及以上的教育,而且这个数字每年都在攀升。丹麦儿童在许多国际教育排名中也名列前茅。他们也许不是数学或科学领域的世界冠军,但他们对这些科目一直保持着最高的学习积极性。调查显示,他们比大多数其他国家的学生更觉得数学"有趣"。他们的英语技能水平在世界排名中名列前茅，而且他们也乐意出国留学和工作。丹麦和其他斯堪的纳维亚国家的居民每年在国际幸福指数排名中都高居榜首。这是为什么？是否和他们如何度过童年有关？在人生第一个具有决定性的六年里，是否发生了一些事，为他们一生的学习锚定了方向？丹麦的教育体系是否以某种方式培养了他们的动力和好奇心？

我看得越多，就越觉得丹麦的教学和育儿方式是如此与众不同。在首尔时，我开始研究韩国的教育制度及其背后的文化传统。亚洲学生极其严明的纪律性和奉献精神给我留下了深刻的印象。为了成为班级甚至学校中最好的学生，他们中的许多人学习异常刻苦。首尔那些顶尖的学校，学术水平都很高，学生和教师们都雄心勃勃。我觉得斯堪的纳维亚的学生和老师们定然能从中学到很多。

但当我开始采访那些正在期末备考中的韩国高中

生时，我也因他们的疲惫不堪而震惊。他们中的一些人看起来有抑郁表现。当我见到他们时，离考试还有几周时间，但他们看起来跟几个月没睡觉一样。还有一些孩子，没比我自己的孩子大多少，却已经在上数学和英语的私教课了。他们上课的时间超过了玩耍的时间，已经早早开始准备一场教育的竞赛，而且这很可能会持续到他们成年。

我前往中国，也发现了同样的情况。我采访了一些中国家长——为了与别人家的孩子竞争名校的录取名额，他们把大部分家庭收入都花在了为孩子请家教上。这样的竞争年复一年，愈演愈烈。在这样的竞争环境中，中国产生了世界上最好的大学，并正在培养一些非常聪明的孩子。这个体系对个别的人来说似乎还不错，但对大部分人来说，需要苦苦挣扎以求生存。没有被录取的学生会倍感失落。他们奋力拼搏，消磨了自己的青春，赔上了父母的积蓄，可最终还是达不到目标。在北京，我采访了一位年轻女性，她把这种感觉描述为"生存的恐惧"。当时她 20 岁，人生中第一次意识到可能考不上自己理想的大学，手足无措。这么多年来，她从来没有做过第二手准备。

我发现越来越多的老师和家长对这场竞赛感到沮丧，他们意识到许多孩子正在为其学业抱负付出高昂的代价。于是人们开始寻找方法，以期在教室和日常生活中做出哪怕一点点的改变。

我就是这样认识作家吴连镐的。当时我去参观首尔郊外的一所"寄宿学校"（Efterskole）[1]。这是一所基于丹麦传统理念的寄宿学校，学生在读高中之前会先在这里待一年。吴连镐是这所学校的联合创始人。他多次去丹麦参访学校，受到了启发，还写过关于丹麦的书，举办

---

[1]　丹麦为 14 岁到 18 岁学生提供的学校，需要交学费。对于许多人来说，在寄宿学校的一年不只是接受教育，更是人生的经历：结交了同吃同住的同窗，慢慢地独立，变成了成年人。——译者注

过上百场讲座。在首尔郊外的一栋建筑上看到丹麦语单词"Efterskole",对我而言是一种改变人生的体验。我还记得当时天寒地冻的,我愣在那里,一直盯着墙上的那块牌子。在遥远的异国他乡感受到这样一丝丹麦气息,我非常惊讶,但又觉得甚合情理。

在这所学校里的韩国学生似乎都松了一口气,仿佛卸下了肩上的重担。他们很高兴能从做学生的压力中解脱出来。在连镐的学校,他们会花一年的时间在山上和附近的海滩上散步,在进入高中之前为自己充充电。他们的生活和在地球另一端的斯堪的纳维亚的同龄人的生活很相似。一些人已经意识到,他们可能永远不会在学术上出类拔萃,于是开始寻找自己身上的其他才能。还有一些人只是需要时间休息和考虑今后的选择,在经过那么多年的埋头苦学之后,重新思考学习的意义。我不禁认为,他们已经开始从斯堪的纳维亚人的角度来看待他们未来的教育了。他们没有强迫自己在传统的学科上竞争，而是问自己：我想做什么？我擅长什么？我最喜欢做什么？他们意识到，通向美好生活的道路有很多条。他们开始承担责任，走自己的路。

在我成长的环境和我如今居住的环境之间，显然存在着巨大的差异，但差异并不止这一条。在韩国或中国的教育体系里成长的孩子，拥有与斯堪的纳维亚儿童不同的能力。前者更有纪律、更严格、更偏向学术，后者更独立、更好奇、更偏向实验。显然，二者可以互相学习。

同样显而易见的是，他们拥有的这些品质和能力在未来的教育中都不可或缺。如今孩子们的学习不应该只是着眼于某个特定的领域，以为上完大学就能应付整个职业生涯。他们应该具备适合多种工作领域的能力，需要不断地适应、调整、随机应变。他们必须能够创造性地独立思考，不但要能分析推理，要有高情商，还要能与不同文化背景的人合作。在这些方面，斯堪的纳维亚人是不错的榜样。

为了报社的工作，我采访过吴连镐好几次。我们见面喝咖啡，对比斯堪的纳维亚和亚洲的教育体系。连镐关注的是那 90% 没有取得好成绩的韩国学生。他告诉我，随着时间的推移，他们中的许多人会失去学习的动力。当你在班里名列前茅时，上学是很有意思的；但当你落后时，你可能会失去好奇心，停止学习新知，而那正是我们人类最重要的技能之一。反观丹麦学生，他们喜欢上学，喜欢学习新的东西，即使他们并不是总能学得很好。

写这本书的想法是在首尔的一家咖啡店里产生的。连镐和我开始讨论，要从丹麦教师那里收集经验，来启发亚洲的老师和家长。我们并不是讨论更好的老师或家长应该是什么样的，而是想要寻找到丹麦最好的老师，然后直接将他们的灵感和经验分享出去。这样或许会让韩国和中国的老师和家长从另一个角度去审视他们习以为常的做法。哪怕只能在某个方面帮助他们做出一点改变，也很好。

当我们一家搬回丹麦以后，我开始全国旅行，走访丹麦最有经验的老师。有些是经人推荐，有些是我通过《政治报》每年颁发的一个享有盛誉的奖项查到的。奖项包括最佳小学教师、最佳初中教师和最佳高中教师，提名教师由学生、家长或同事选出，并由专家小组评定颁发奖项。该奖项设立的目的是表彰和鼓励教师，会给全国的优秀教师颁发奖杯，并对他们进行现金奖励。

在我的家乡丹麦一边旅行一边走访老师，可能是我记者生涯中最具成就感的事情了。老师们都对工作充满激情，而且非常乐于分享自己的想法和经验，有的人能连续讲上好几个小时。他们激昂地谈论着如何教数学、英语、政治、体育和舞蹈，如何激励那些厌学的孩子，如何建立孩子的自信心，如何备考，等等。在对他们的访谈中，我越来越多地了解到丹麦教育体系的根源和价值，并渐渐洞察了到底是什么使北欧国家有别于世界上的其他地方。

我进行了大量的访谈，最终只在本书中呈现了其中十位采访对象。我认为他们代表了丹麦教育体系中最重要的学科、核心价值和教学特点。我遇到的每一位老师都认为斯堪的纳维亚的教育体系有其独特之处。尤其在培养学生的学习动力、创造力、独立性和国际意识方面，丹麦教师很有自己的方式，似乎有着一种特殊的感召力。

这就是本书的主题：丹麦的优秀教师到底是如何教学生的。不过，本书不仅展现了优秀教师们的教学理念和教学方法，更探讨了关乎教师和学生、家长和学生之间关系的根本问题：孩子们为什么要学习那些特定的学科？为什么每个人都要去上学？学校对于孩子们的生活负有什么样的责任？

在丹麦的教育中，孩子的幼儿期占据非常重要的地位，这是他们未来所有学习的基础。但这种重要性不是通过死记硬背来体现的，而是通过玩耍、探索与创新。老师们会不断地回归到这个原点。我希望这个斯堪的纳维亚传统也能为韩国和中国的老师和家长带来启发。

在无数个小时的访谈、翻阅记录和深入讨论之后，我和吴连镐渐渐发现，所有的丹麦老师似乎有着一些共同点。他们都曾以不同的方式提到了以下十条教育原则。

一、良好的关系至关重要。仅仅教或指导是不够的。教师与学生之间除了学业上的与日常的交流，还要有心灵上的沟通。

二、要允许学生问"为什么"。即使是看似最理所当然的事情，也可以被质疑。我们为什么在这间教室里？为什么我们要学习英语、数学和科学？教师应该准备好回答这些最基本的问题。

三、教师不应该让学生囿于不良竞争。相比鼓励学生去争夺第一名，教师更应该培养其他的良性竞争，比如帮助班集体或班上的每一位同学。

四、教师不能只关注班里前 10% 的学生，不应该放弃任何一个学生。

五、教师应该鼓励同学之间的交流与合作。因为在团队中讨论和解决问题，学生会更容易学习到新东西。此外，倾听有时与表达一样重要。

六、教师应该把稍大的学生当作成年人对待。因为这会让学生更具责任感，并锻炼他们的批判性思维和创造性思维。

七、教师应该鼓励学生自己做选择。因为这会帮助他们过上自主决定的人生，学会为自己的行为负责。

八、上课是生活的一部分，而不仅仅是为了考试。教学应与现实生活息息相关，要考虑到学生提出的问题和学生的兴趣。杜绝只为了考试而教。

九、一切学习内容都是互相关联的。教师要具备在艺术课上谈政治、在科学课上说英语的能力。现实生活中都是跨学科的问题，学生要综合运用不同的技能才能解决。

十、绝不能让教室成为高考的战场。它应该是一个充满关爱的生活社区，没有恐吓、欺凌或暴力。只有每天早上愿意到学校去，学生才能安心学习。

以上十条教育准则也是本书主要探讨的内容。当然，丹麦教师并不能解决所有的问题，这也不是一本指南大全，仅仅是一些供读者参考的想法和建议。

我由衷地感激所有为本书做出贡献的老师，也非常感谢吴连镐先生在这一过程中给予我的耐心和指导。他是一个好老师，我们一起花了三年时间来完成这本书。

最后，我要谢谢翻开它的你。在亚洲的这些年里，我学到了很多东西，也从许多关乎教育的讨论中获益匪浅。希望你在阅读这本书时，也能有所收获。最后，真诚祝愿我自己、我的孩子，还有其他所有人：活到老，学到老。

马库斯·波恩森

2021 年秋

哥本哈根

目录
CONTENTS

给学生开口说英语的勇气

安德斯·乌达尔，教龄 15 年

"他们越早在别人面前感觉自如就越好。从某种程
度上来说，他们已经准备好了学习更多的结构和规
则，但在教英语的头几年里，我会着重让他们增强
自信，鼓励他们用任何可能的方式积累词汇。"

承担责任是成长的开始

金·林贝克，教龄 19 年
荣获《政治报》2017 年丹麦最佳教学奖

"虽然只是很小的事情，但它们能够促使孩子们承
担责任，开始做出选择，并学会接受选择的结果。"

5 在教学中培养全球视野

安德斯·舒尔茨，教龄 13 年
负责学校的全球公民课程项目

"我们希望学生们能够接受良好的教育，并为应对
21 世纪的全球性挑战做好准备……希望他们在做任
何事情时都能够拥有国际视野。"

6 用亲密关系提升教学效果

梅特·彼得森，教龄 20 年
荣获《政治报》2017 年丹麦最佳中学教师奖

"我想真正去了解他们。我想知道他们是谁，他们
在校外遇到了什么。我想参与他们的生活，而不只
是他们在学校里的老师。"

7 帮学生找回学习的兴趣

彼得·克拉夫，教龄 11 年

"作为一名教师，你必须能够解释为什么保持注意力、好好学习对学生来说很重要……你需要给出一个更好的回答，一个让他们好理解，还能激励他们的理由。"

8 让孩子受益终身的艺术学习

玛丽安·斯卡鲁普
专业舞者，教龄 26 年

"当青少年热衷于某件事时，家长和老师要当心，千万不要抑制他们的热情。不管是谁，如果放弃了自己真正热爱的东西，到最后都难免会后悔。"

完美的数学学习
初体验

亨宁·阿夫里留斯，哥本哈根大学天体物理学硕士，45 岁，教龄 15 年，在哥本哈根市的诺尔中学教数学、物理和天文学，荣获《政治报》2014 年丹麦最佳高中教师奖。

当亨宁·阿夫里留斯还是个孩子的时候，他就喜欢凝视夜空。夜空对他来说无比神秘，点点繁星无数，广袤宇宙无垠。他特别喜欢阅读有关星球和太空探索的书籍，而当他从书中得知苏联的太空狗莱卡（Laika）在返回地球的途中死亡时，他又忍不住哭泣。从记事起，他就爱上了天文学。当他知道观察夜空竟也可以成为一种职业时，他兴冲冲地告诉父母，这就是他长大以后想做的事——造艘大火箭，或者造个大望远镜，去探索宇宙！

　　但生活并非总是如人所愿。亨宁最初的职业梦想是成为一名工程师，专攻航空领域，并最终加入美国国家航空航天局（NASA）或其他某个太空机构。为了这个梦想，他在大学里努力学习，成绩优异，并得到了教授们的褒奖。

但后来他的女朋友怀孕了。他们都还是学生，只能勉强维持生计。接着他们又有了第二个孩子，以学生的微薄社保，根本无力负担生活开支。[1] 亨宁只好从大学辍学，开始打零工来养家糊口。刚开始的日子过得很艰难。孩子们的哭闹让他整晚无法入睡，可白天还有整天的工作在等着他。他记得在那段日子里，每一天、每一小时，他不是在工作，就是在照顾孩子。尤其是每天早晨，他焦头烂额——一夜没睡好，还要爬起来给孩子们做早餐、喂饭、穿衣服、送去幼儿园，自己再匆匆忙忙

---

1 在丹麦教育体系中，从幼儿园到大学都是免费的。一个人成年后，如果没有工作继续求学，并且没有和父母共同生活，就可以从政府领取每个月差不多 1 000 美元的生活费。如果是住在学生宿舍，这笔钱刚刚够一个人的生活开支。

赶去上班，只能勉强不迟到。

这样的生活持续了一段时间后，亨宁终于拾起勇气，重返大学。这一次，他将学习他一直热衷的学科：天体物理学。他的女朋友已经成为一名教师，而亨宁也在业余时间开始在她所在的中学兼职，讲授天文学。就是在那里，他终于找到了自己一生的热爱：教育事业。他将自己对宇宙的一腔热忱都拿出来与孩子们分享，而这些孩子也在他的生命中变得不可或缺。

获得天体物理学硕士学位之后，他就开始在哥本哈根的诺尔中学全职任教，教授数学、物理和天文学。之后几年，他的学生一直推举他参选《政治报》举办的全国最佳教师奖，直到2014年，他终于获此殊荣。

在提名他时，亨宁的学生都会提到他的独特天赋：把数学和自然科学变得有趣。而这是学生们从前无法想象的。对此，亨宁是这样解释的：

"我努力让学科和学生们产生关联。我个人喜欢数学、物理和天文学，但大多数学生不喜欢。至少我第一次见到他们的时候是这样。"亨宁的家离他任教的高中很近，他坐在厨房里娓娓道来，"所以，我要做的第一件事就是让他们相信，这些学科对他们来说真的很重要。我必须让学生们知道，如果他们对数学和科学没兴趣，他们会错失太多的精彩。"

每当亨宁迎来新学生，他总会问："你们为什么来到这里？"这是他每次踏入新班级教室时的一个惯例。丹麦的小学、初中和高中，每个班不会超过28名学生，亨宁需要尽快地了解班上的每一个人。所以即使这个问题看似简单，他也会花上两个小时认真聆听孩子们的答案。

"我让他们坐下，追问他们此时此刻为什么会在这里。'你为什么认为你需要学习数学、物理或天文学？'我会仔细倾听每个学生的回答，这能让我尽可能多地了解他们的能力和动机。问题看似简单，但回答起来并不容易。有些学生确切地知道他们为什么要学数学。他们明显已经喜欢上了数学，并且知道在未来的学习中，数学都是非常重要的。这些学生往往不会有什么学习上的问题，不管有没有我的帮助，他们都会做得很好，而我只需考虑该给他们多大的压力。还有一些学生，他们对数学不是特别感兴趣，但他们知道课堂上要如何集中注意力，知道为了将来考上大学、找到工作，现在要好好学数学。这些学生需要一点额外的激励，不过通常他们也不会构成多大的挑战。"

但是，还有第三类学生。他们会告诉亨宁，他们待在那里只是因为课程表上是这样安排的，他们上数学课和科学课只是因为他们被告知要这么做。这些孩子对数学知之甚少，也没有信心学下去。更糟的是，他们在上学期间常常被告知，他们的数学很差。

"每个班总会有几个这样的学生，需要我特别关注。"亨宁说，"我需要知道他们在学习之外对什么感兴趣、高中毕业之后想做什么。有时他们会说上了大学想学什么，我就会抓住机会解释：那就更需要好好学数学了！对于不知道高中毕业之后想做什么的学生，我会告诉他们，其实数学在日常生活中也很重要。我会试着让数学和他们的生活产生关联。单纯地说教，一味地灌输'数学对社会很重要，对职业发展很重要'，一点用都没有。因为这些学生无法建立起关联。你需要帮助他们看到这种关联，感受这种关联。你必须向学生解释清楚，当下学好数学有多么重要。"

为了达成这个目的，亨宁会深入到学生们的日常生活中。刚开始，他会慢慢了解每个学生所处的阶段，不会着急给他们布置作业、教他们数学，直到他确认每个学生都心怀一个学习数学的好理由。如果学生觉得是受别人驱使而不得不学数学，那不管他教什么，学生都很难学进去。

"我通常会从贷款利率开始。"亨宁说，"在丹麦，或者其他许多国家，你申请到的贷款可能有着非常高的利率，而年轻人往往不知道背负这样的贷款有多么严重的后果。我试着将后果视觉化地表现出来，让每个学生都很好理解。我会拿出一张纸，问我的学生：要折多少次才能达到 1 米的高度？有些学生会说 1 000 次，有些学生说要折叠 100 万次！但其实只需要折叠 14 次。当然，我们不可能真的把一张纸折叠 14 次，我只是再加上好几叠纸，来展示折叠 14 次后到底是什么样的。于是我把几百张纸叠在一起，让学生们看着纸被堆得越来越高。当我把最后一叠纸摞上去的时候，竟已达到了 1.6 米的高度。然后我向他们解释说，第一张纸就是他们借的第一笔钱，而其他的纸则代表了从那以后他们所支付的利息！这个视觉效果让在场的每个人都印象深刻！那些对数学不感兴趣的学生从中看到了他们为什么要学数学，看到了数学对于现实世界的重要作用。在他们意识到这一点的瞬间，我已然抓住了他们的注意力，他们也已准备好开始学习了！他们被调动起来，投入到积极的体验中，并最终获得自我实现的成就感。这就是我一直在追求的目标——成就感！学生们可以看着镜子里的自己说：'以前我不会做这个，现在我可以了！'只要他们成功了一次，他们就能不断地重复！最难的就是第一次！但我就是来帮助他们的，给那些对数学没感觉的学生带来一次完美的数学学习初体验。"

亨宁负责教授低、中、高等水平的数学和科学，他所有的学生都必须在年底通过考试。在学年即将结束时，他的高中毕业班学生抽签决定参加数学笔试或口试。

和许多数学老师一样，亨宁面临的最大挑战是学生的学习动力不足。高中的学习任务繁重，要学的太多，时间又太少，许多学生都挣扎其中。当然，会有一小部分学生积极性很高，还没上课就掏出计算器，一副迫不及待的样子。但还是有很多学生的热情在求学道路上被消磨殆尽了。在丹麦，将近90%的学生会从初中直升高中，而且他们通常都要学习数学和科学。

一旦班上的同学都对学习充满了信念感，亨宁就开始努力让每个人都深度参与到学习中来。他希望学生们充满好奇，敢于提问并身体力行，这就是他的教学目标。但要做到这一点，他必须首先在个人层面上与他们建立联系，还必须打破师生之间的隔阂。许多丹麦教师都在尝试这样做，但并不总是成功。像数学、物理和天文学这样的学科都是非常精确的科学，教这些的老师往往比其他学科的老师拥有的权威多一些，这也是为什么打破障碍、与学生建立联系对数学老师来说尤为重要。

亨宁说："教师需要判断在多大程度上保持自己在

教室里的权威形象，有很多种方法可以用来达到这种平衡。例如，当我要求学生必须在特定的时间交作业，这让我的身份有了很强的权威感，是我在要求他们在特定的时间去做某件事，如果他们不这样做，他们就会因为成绩差而受到惩罚，甚至可能无法毕业。我的学生如果意识到这一点，就会影响我们的关系，我成了发号施令的权威形象。为了避免这种情况，我的方法是用最快的速度完成作业批改。当学生们交作业时，我会准确地告诉他们，什么时候可以拿回批改完的作业。这样一来，我便将主动权交还给了学生。因为当我保证在某天把作业还给他们时，他们就成了反过来监督我的人。通过把一些主动权交还给学生，我在课堂上创造了一种更加平等的关系。我不想让他们觉得我是一个对他们发号施令的人，这对创造'学生积极参与课堂学习'的氛围而言是非常不利的。如果老师拥有至高无上的权力，那么学生就会觉得无论付出多大努力都没用，自己对结果也不会有什么影响，因为老师拥有最后的决定权。学生的积极性就是这样被扼杀的。如果老师和学生之间的距离太远，学生就会害怕在课堂上发言。除非他们能够完全确定自己的答案是正确的，否则他们什么也不会说。我会不惜一切代价避免形成这样的环境——学生不强迫自己探索新事物，不犯错，只是守着他们已经知道的或者他们确定的东西。这不是我所说的学习，也不是让学生保持好奇心和积极性的方法。"

学生和老师之间的关系在斯堪的纳维亚国家是相对特殊的。在其他国家，如果想让老师把主动权移交给学生，估计会难得多。即使在丹麦，有些教师也很难做到这一点。在亨宁刚开始教书时，一位年长的同事就告诉过他，无论他做什么，都不应该在学生面前承认自己的错误，因为那将削弱他的权威。而他认为这可能是他得到过的最糟糕的建议。

"像所有的老师一样，我犯了很多错误，但当我的学生指出我的错误时，我总是很高兴。这表明他们了解这个话题，他们不害怕说出来。我认为他们正是你作为老师想要培养的那种学生，也是你工作之后希望一起共事的人。你一定希望你的同事和领导能注意倾听你说的话，并且不害怕在他们面前说出自己的真实想法。虽然我的数学和物理很不错，但我的拼写就没那么好了。有时我会在黑板上拼错单词，当我的学生指出我的拼写错误时，他们就会把我拉回到跟他们一样的水平，也就是说，被评估的人和做评估的人之间的距离缩短了，关系拉近了。如果你想激励学生学习数学这类学科，缩短这个距离很有必要。"

愚人节捉弄人的传统在丹麦由来已久。在 4 月的第一天，每个人都可以搞搞恶作剧，而学生经常会去捉弄亨宁老师。那一天，他的学生都事先躲在走廊里，只剩下一个孩子坐在教室里，假装什么都没发生。亨宁当时就蒙了，满校园找他的学生，可没一会儿工夫，孩子们又冲进教室，哈哈大笑。

"后来我很高兴，因为学生搞恶作剧反而证明他们和我的关系比较亲近，他们觉得和我开个玩笑很安全。如果他们可以开我的玩笑，他们也可以和我谈论数学和科学的问题。孩子们说希望我能为他们的考试成绩而自豪，这句话真的让我印象深刻。这就是我们之间情感联系的体现。他们非常努力地准备考试，不仅仅是为了自己，为了父母，更是因为他们要尽自己最大的努力来报答老师。"

在诺尔中学执教几年后，亨宁开始专门教那些缺乏学习动力的孩子。校长发现他有着激励学生学习数学的"天赋"，于是派给他这样的班。由于学生们可以选择不同水平的数学和科学课，那些积极性差的大多会聚到同一个班上。在这样的班上，尽管他尽了最大的努力，仍然会有一些学生直到毕业也只能成绩勉强合格。

"在数学和科学中，答案对错总是很明确的。"亨宁说，"如果你学不好，老师会一遍一遍地告诉你，你做错了。如果年复一年，你不断被这样告知，就会形成一种自我暗示。你总是做错，作业上总打着红叉，到最后你就会丧失自信。在我的学生上高中之前，他们中的一些人甚至在前面九年的学习中，不断地被告知他们不擅长数学。其他的科目里都没有出现过这样的学习障碍。我从没遇过一个学生说他们一点不懂历史或者文学，但我遇到过很多学生，他们说自己对数学一无所知。他们会说'我知道我做不到'或者'我数学就是不行'。他们参加了太多次考试，成绩太差，已经完全失去了学习的动力和兴趣。当学生答错题目的时候，你当然应该让他们知道，但同时你也必须尽可能多地表扬他们！每当我的学生回答问题或做展示时，我都会表扬并祝贺他们。当他们从讲台上走下来的时候，我总是会鼓掌欢呼，因为我知道站在全班面前是多么困难，尤其是在他们的数学不是很好的情况下。"

为了让他们一点一点进步，亨宁有时会给积极性不高的学生布置小学阶段的作业。即使是最简单、最基础的题，做对了也是令人激动的，可以从此处着手，继续努力。教科学时，他尽可能多地使用日常生活中的例子，因为了解物理的基本定律可以帮助人理解周遭众多事物是如何运转的。比如，公路上的限速是如何基于物理学来规定的；人们在过去如何花费大量的时间和金钱建造永动机，直到物理学家证明这是不可能的，因为永动机不符合物理学定律。有时他会把汽车广告带到学校，让学生们调查广告上的承诺在物理上是否可行。对于像"能源"这样的每个学生都能与之产生联系的话题，他会让学生深入对比核能、煤炭和风能等不同能源的优缺点。

　　"应该建造更多的核电站吗？为什么不都建成风力发电站呢？这些都是学生们提出的很有意义的问题，而且也很可能是他们之后人生路上不得不面对的问题。我们会讨论煤尘污染以及不同的能源对环境和公众健康产生的不同影响。这将再次帮助他们看见物理定律是如何影响他们的日常生活的。"

高中学业有时会给学生带来过重的压力，无论是对于学习积极性高的学生，还是对于在基础的数学和物理问题上挣扎的学生，都是如此。

"一些学生对自己要求很高，总是追求完美，导致压力过大。他们即使取得了最好的成绩，也会不断地要求自己做到更好。这时我会告诉他们已经在哪些方面做得足够好了，适当放松一下会更好的。虽然我理解他们这样做的原因，但我还必须告诉他们，应该学会何时停止学习或是任何别的事情，并学会为自己取得的成就感到满意。当我在大学学习天体物理学的时候，我自己也在这个问题上挣扎过。我的一项作业得了最高分，令我非常自豪。直到我的导师让我坐下来，问我花了多少时间去做这件事，我才意识到，学习并不总是为了拿高分，而是为了知道什么时候该停下来。我们每个人花在某一件事上的时间应该是有限度的，对于学习也是如此。虽然这很难，但学生们必须开始学习如何充分利用他们的时间。有时候我不得不告诉那些最好的学生，不要再要求我给他们留作业了。'你已经把该做的做完了。'我告诉他们，'恭喜你！你已经做得很好了，现在你必须停下来了。'"

亨宁·阿夫里留斯
对数学教学的建议

● 从工作中最能激发你热情的方面开始。学生会认可并回馈你的热情。这一点同样适用于家长。当你表现出对一件事的热情，一种积极向上的能量就会产生，促使学生们开始更加努力地学习。

● 假戏真做，直到假的变成真的，你就成功了。你如果对教授一门课程并不那么感兴趣，就假装自己很感兴趣吧，你的学生会因为你的努力而奖励你。

● 每个学生都应该高高兴兴地放学回家，在学校度过美好而不是痛苦的一天。给那些底子薄的学生布置简单的作业，如果他们还是做不好，就给他们布置更简单的任务。

分析与讨论
比考试分数更重要

海勒·霍克亚尔，54 岁，教龄 32 年，在哥本哈根南部的克罗加德公学教科学和数学，获得过多项顶级科研奖项和教学奖项，包括《政治报》2018 年丹麦最佳初中教师奖。

在丹麦，考试对学生来说并不是什么大事，他们也通常不会在初二之前被告知考试分数——老师不会给他们打分，而是通过在课堂上讨论和评估他们的作业给他们反馈。

　　丹麦学校里的考试不多，比大多数其他国家的都要少。丹麦学生在初中基本只有书面丹麦语、英语和数学的期中考试。真正的考试要从初三才开始，除了期中考试，还会在年底举行期末考试。期末考试会包括七门学科，其中五门总是相同的，包括丹麦语口试、丹麦语笔试、数学笔试、英语口试和科学口试。剩下的两门考试是从其他科目中随机抽取的，可以是口试或笔试。

然后，考试成绩将被添加到其他科目的成绩中，平均分将决定他们是否有资格进入高中。学生还会得到学校给出的一份报告，从而确认自己是否"有资格进一步接受教育"。但其实打分和评估都不是太严格，大多数学生都可以继续上高中，只要他们愿意。

也有一些丹麦教师呼吁我们进行更多的测验和考试，但大多数人都很高兴他们的学生可以在初二之前比较轻松，海勒·霍克亚尔就是其中之一。她已经教了28年的数学和科学，并始终坚信有很多比考试更好的方法来检验孩子们对知识的掌握情况，况且试卷还是由不了解孩子们的政府官员设计的。许多丹麦教师将考试视为对他们所拥有的特殊自由和独立性的威胁。

"我不喜欢给学生打分。"海勒说，"我总是告诉我的学生，分数对学习来说并不是很重要。最重要的是，他们尽了自己最大的努力，并不断提高。不过，我认为有些形式的测试也是可以的，看看或评估每个学生在这一年中学到了什么也是很有意义的。我特别喜欢小组考试——学生们在小组内讨论并一起展示他们的发现。我们还有一个科学考试，学生们要做一个科学调查并向我展示，表明他们掌握了我教给他们的各种科学方法和技能。学生们的参与对我来说非常重要，他们应该自己决定如何运用所学以及在哪里使用这些方法。"

即使是在自然科学领域，学生也应该被允许设计自己的项目，这将激发他们的好奇心和创造力。他们会变成探索者和发明家，而不是只知道寻找正确答案的学生。

"这样的项目和考试让我很兴奋，因为他们提出的问题经常也会让我感到好奇，对我来说也是一种挑战。这些项目是属于我们自己的，而不是由学校或教育部为我们决定的。我认为测试学生对事实的了解程度没有任何意义，也不应该在全国范围内对学生进行同样的考试。我不喜欢那种学生必须死记硬背老师讲的话才能通过的考试，我称那种考试为'鹦鹉学舌式考试'。在那种考试中，学生们并不真正知道自己在做什么，只是一直像鹦鹉一样复述老师告诉他们的东西。他们不需要真正理解老师的话，只要像鹦鹉一样重复它们就行了。我不认为通过准备那种考试能真正学到多少东西。学生们最后变成为了考试而学习，而不是试图在这个科目上获得更多的知识。我不认为应该在对学生毫无影响的方面进行测评，这些对成人都不起作用，更何况对孩子呢？如果领导让我们去做那些与工作无关的测试，我们都知道自己不会乐意。我们需要参与感和意义感。对于学校里的孩子来说，也是如此。"

在斯堪的纳维亚，像海勒这样认可这种方式的老师还有很多。也许，斯堪的纳维亚的学校和世界上大多数其他地方的学校最大的区别之一是它们对于小测、考试和死记硬背的态度。丹麦老师不会花很多时间给学生灌输知识，他们不希望学生只是记住他们说的话。他们对学生学习的过程更感兴趣，更希望学生能够明白如何通过批判性思维和独立思考来获得属于自己的知识。

"你不应该让考试来决定你该教什么，怎么教——那是应试教学，会降低学生的积极性。相反，应该允许教师根据需要制定他们自己的考试内容。他们清楚地知道想让自己的学生在给定的时间内学习什么以及记住课程的哪些部分。我尽量避免给我的学生做别人制定的测试。每当我们有这类测试时，我的学生就会感到不舒服，有些孩子甚至会感到害怕和焦虑。事情不应该是这样的。他们应该高高兴兴地来学校，知道他们在教室里发生的任何事情都是他们和老师之间的事，而不是由不了解情况的、在教室之外的人来决定的。我认为每个考试都应该对学生有意义。如果没有，就相当于告诉他们，他们去学校主要不是为了学习如何理解这个世界，而是为了在考试中把题做对。在我看来，这是最糟糕的教学方式，可这种方式却仍在世界各地的学校中不断使用。孩子们会认为这样很无聊，其实老师们也觉得很无聊。它之所以无聊，是因为大家并不真正清楚自己为什么要这么做。在这样的方式下，学生学习新的东西只是为了应付考试，老师和学生都是由他人决定该如何利用时间。这样不仅会抑制内部动机，而且更糟糕的是，孩子们最终也学不到多少东西，因为他们往往很快就会忘记他们为考试所学的知识。这就是我们大脑工作的规律——如果没有全情投入其中，那么很快就会忘记。"

海勒认为，还有许多其他方法可以来测试学生对某一学科的了解程度。只是让他们坐下来做多选题是行不通的。只提问，让学生举手回答也不理想。海勒会给他们安排开放式任务，让他们解释他们是怎么做的以及为什么那么做。让学生一起解决问题，一起做项目，能激发学生的积极性，也能让老师更加了解他们的水平。在适当的时候，她也会给孩子们做一些测试，让他们进行评分和相互比较，但她会尽量推迟这么做的时间。这其实也是丹麦课堂的一部分：老师们都努力培养学生的独立思考和批判性思维能力，而不记得测试和评分。研究发现，如果老师和学生谈论他们的成绩，他们就会只记得成绩，而不记得应该做什么来提高自己。但如果他们只收到反馈而没有分数，就像海勒的学生平时那样，他们会更容易专注在持续提升上。然后当他们得到评分的时候，他们才不会感到吃惊，因为他们已经非常清楚自己的长处和短处以及他们与班上其他同学相比所处的水平。

"对我来说，让我的学生成长和独立非常重要。"海勒说，"我不希望他们只是听从我的指示。我希望他们能提出问题，自己探索不同的主题。我更愿意让他们到现实世界中去，利用自己的好奇心去学习一些对他们有意义的东西。"

海勒总是在鼓励她的学生这样去做。她会计划跟孩子们在校外骑自行车旅行——全班同学骑着车，花半天时间去做一些有趣的数学任务。他们去参观一个赛艇俱乐部，实地测量水位和赛艇的性能。另外一天，他们可能会去网球俱乐部，计算网球的飞行路线。当童子军[1]在当地建造了一个新的木屋时，她班上的中学生就会去测量木板，并帮忙绘制建筑的蓝图。

像许多老师一样，海勒试图给她的学生一种体验，使科学变得触手可及，并与他们的日常生活相关。她想

1　童子军（boy scout），1908年英国巴登·鲍威尔首创的组织男童进行社会服务、军事操练及野外生存技能训练的组织。后成为世界许多国家开展儿童军事化训练的专门组织。——译者注

让学生们在回到课堂上学习之前亲眼看见并亲身体验这些研究对象，认识这些生活中的事物。当他们从港口或网球俱乐部回来时，他们总会带着很多问题。这表明他们已经准备好开始学习了。

"在科学课上，我有时会带学生去参观污水处理厂。他们可以尽可能地通过搜集资料来了解这些地方，但直到他们看到脏水，并因为恶臭捂着鼻子时，他们才会认识到这些设施的作用。对我而言，最重要的是让他们获得对所学知识的感官体验或切身体会。我认为，他们只有使之与现实世界相关联，才会把知识记得更牢靠。在真实体验过后，我们会在课堂上分享彼此的经验。课后的问题讨论也很有帮助。我可能会说：'还记得我们在港口看到有人在从船上卸那些箱子吗？'这些共同的经历是我们学习一切的基础。如果我问他们是否记得书中关于测量箱子大小的内容，他们恐怕都想不起来。"

分享经验也意味着互相交谈。丹麦的学生比较健谈。老师会鼓励他们多说，因为通过交谈和讨论，他们能够学会如何用声音表达自己的想法。这比获得完美的考试分数更重要。

海勒说："当你与他人讨论时，你就会学到东西。只是坐在那里看书或考试并不能有效地促进学习。如果你不和别人讨论你正在学习的东西，你就永远无法测试你对它的理解程度。这一点不仅适用于科学和数学，也适用于语言。你可能已经记住了成千上万个英语单词，但只有当你开始在与别人的对话中使用这些单词时，你才能真正地掌握它们。如果你从未在与他人的讨论中使用过某个术语，你就有可能在考试中以错误的方式使用它。当你与他人一起出去体验某一件事的时候，你们会开始谈论这种经历，这时学习就在发生。"

教初一年级学生的时候，海勒曾要求她班上的学生带一些几何图形到学校，它们可以是任何东西：一个喝完的牛奶盒、一个足球、一卷卫生纸或一盒餐巾纸。她把所有的几何图形都放在一个大纸板箱里，然后把学生分成小组。他们要为五年级的学生准备一门如何测量几何形状和体积的速成课程。在学校体育馆中，每个小组都有一张桌子和一块黑板，并被告知他们有两周的时间来准备这门课。每一组学生自行决定使用哪些形状，这样实力较弱的学生可以选择更简单的图形，而实力较强的学生可以准备一门更长的课程，教五年级学生如何测量更复杂的图形。

"然后我告诉五年级的老师，一定要安排他班上学得最好的学生先去找我班上学得最好的学生，让学得比较吃力的学生去找我班里那些教简单几何图形的学生。每节课大约持续 20 分钟，然后换组，让五年级的学生们去下一个形状更复杂一些的小组。随着小组之间的来来去去，学得最好的学生必须发挥创造性，以便向年龄较小且对几何形状了解越来越少的学生解释清楚。教简单图形的学生也是如此：这些缺乏信心的学生在进行一次又一次的教学演示后，对形状的了解会越来越多。之后我们会花很长时间来谈论他们学到了什么。我们讨论哪些部分让他们感到困难以及如果他们再做一次，是否会有不同的做法。通过这样做，我对我的学生有了更深入的了解——比通过让他们进行标准的几何选择题测试了解的多得多。通过强迫他们与他人交流和解释几何图形，我很容易看出他们对这门学科是否有更深的理解。这样的工作对学生来说也更有挑战和动力。在准备课程的两周里，他们非常专注地为教学做准备，在课间休息时和放学后都还在练习。他们会给父母做试讲，也会开始留意身边的几何图形。这是一种完全不同于简单记忆的学习方式。这是一种激发好奇心的方法，从长远来看更为有效。"

也有一些学生会从考试和相互竞争中得到激励。他们考得很好，有时还会主动要求更多考试。海勒有时会让这部分学生做测验，而其他同学则做其他的事情。她说，让她的学生保持动力是最重要的事情，因为他们通常会随着时间的推移失去动力。学生们刚开始上学的时候都很有动力，但往往还没上初中就逐渐丧失了。如果考试能让他们保持动力，那就顺其自然吧。海勒会让她最好的学生互相竞争，但不会让他们影响班上的其他学生。她数学课上的一些学生去参加科学竞赛，其中两名学生还获得了国家级的奖项。只要不伤害其他同学，她都会尽力支持他们。她要做好这种棘手的平衡。

"我也有一些学生在数学上很纠结，他们不会从一遍又一遍地做同样的测试中学到任何东西。他们需要谈论他们正在做什么，需要用现实世界的经验使自己在课堂上学到的东西变得有意义。只有当我和这些学生交谈时，我才真正了解他们的水平。通过对话，我可以很快地了解他们对于知识的理解水平或程度以及我需要和他们一起解释、展示或练习哪些术语或短语。而这些可能是他们做上好多次测试也意识不到的事情。在我们做任务或计算之前，我会先简单地和一些学习能力较弱的学生谈谈我们要做什么，了解一下他们是否知道我要用的术语。科学不仅仅是做大量的计算，还包括阅读和理解布置给你的作业，这属于口头表达方面的。一些学生做作业很困难，仅仅是因为有一些他们不理解或让他们产生误解的细节，有时一个单词或一个短语就能令他们不知道如何开始。"

海勒在布置考试和作业时有一条指导方针：他们每花一个小时来考试，就必须再花四个小时来讨论它。有些老师会在每周一早上给学生进行一小时测验，这些测验的平均分将决定学生们在年底的成绩。而海勒每个月最多就进行一次测验，剩下的时间她会用来和同学们进行讨论。在测验的前一周，她会确保每个人都理解测验中会使用到的术语。考完之后，她会把学生分组，一起重做部分测试。

> 目标不是让每个学生都得到一个完美的分数，而是找到并解决每个学生的弱点，并让他们通过比较来讨论策略。这是丹麦的考试方式：少考，多分析，更多地反馈和讨论。

"到目前为止，当老师最难的部分是努力让你的课程适合每一个学生的需要。这也是最有趣的部分。如果我觉得我的工作是为学生备考，我肯定无法在这份工作上干将近三十年。当老师最让人兴奋的事情就是了解你的学生是如何思考和行动的，然后找出你能帮助和激励他们每一个人继续学习的方法，否则机器人就能做我的工作了。对我来说，这一切归结起来就是：确保我的学生想要在他们的余生中继续学习，也就是培养他们终身学习的能力和习惯。他们必须能够设定目标，并想办法实现。这一切不是因为他们想在考试中获得完美的分数，而是因为他们真的想把有意义的事情做好。"

海勒对考试和评分的建议

● 少考试，多讨论。在考试前和考试后与孩子们讨论，往往能比考试本身让你获得更多关于他们能力水平的信息。

● 确保学生能够了解他们为什么要参加某项考试，考试内容需要与他们在课堂上所做的事情相关。

● 不要太在意分数。事实上，只有很少的考试会对学生未来的职业产生影响。绝大多数考试都只是练习而已。过程永远比结果重要。

给学生开口
说英语的勇气

安德斯·乌达尔，52 岁，教龄 15 年，在切克罗内学校教英语和科学，拥有生物学硕士学位，并出版了两本有关鱼类的书。

安德斯·乌达尔在丹麦罗斯基勒市附近的一所大型学校教初中三个年级的英语。偶尔，他会遇到一两个学生在课堂上拒绝说英语。

安德斯已经从教 15 年，早已习惯和青少年打交道。他知道让这些初中生参与课堂有多难，因为他们满脑子都是和学校无关的东西，又很害怕在同学面前出丑。

他也知道，当学习像英语这样的第二语言时，棘手的地方通常不是语法或者标准地发出像"伍斯特郡"（Worcestershire）这类单词的读音，而是让学生们开始相互用英语交流。

"学习英语就是要掌握词汇，并有勇气使用它们。"安德斯说，"关键是要自信地开始使用所有你已经知道的英语单词，然后不断进步。"

"一旦你开始说话，你的词汇量、发音能力和语法水平都会迅速提高，可是鼓起勇气开口说起来很不容易。开始使用你并未掌握的语言是需要勇气的，但这确实是学习外语的唯一方法。"

像丹麦的许多老师一样，安德斯不会让他的学生进行很多考试或给他们布置很多书面作业。相反，他敦促他们不断尝试运用外语，让他们感到自如地说英语比把单词读对更重要。

这种方法在北欧国家的学校中很典型。当学生们从一年级开始自己写作时，老师就会鼓励他们用母语进行所谓的"儿童拼写"。他们不会纠正孩子拼写错误的单词，反而会表扬他们有勇气开始写作。老师们相信，只要孩子们喜欢写作，并因此受到表扬，他们最终就会掌握正确的拼写。

这也适用于英语。安德斯一开始并没有过多地纠正他的学生。更重要的是让他们感到舒服，鼓励他们尝试去说英语。

"他们越早在别人面前感觉自如就越好。从某种程度上来说，他们已经准备好了学习更多的结构和规则，但在教英语的头几年里，我会着重让他们增强自信，鼓励他们用任何可能的方式积累词汇。信心对于学习任何科目都非常重要，特别是英语。而且对于青少年来说，他们总是害怕会有人取笑他们，即使这种情况极其罕见。"

安德斯对学生的测验和考试成绩的要求并不严格，但在他的学生如何对待彼此的问题上却非常严格。任何人都不许取笑其他学生。当有人说话时，班上的其他同学必须保持安静和尊重。安德斯说，他的主要目标是为学生们创造一个安全的空间，让他们可以一起探索英语，而不用担心会被嘲笑。

"孩子们应该开始真正地使用英语，而不只是背诵课文，他们必须被调动起来。语言能力就像肌肉，如果你想变得强壮，就必须经常锻炼它。所有学生在开始上我的课之前都懂一些英语，而能否鼓励他们开始更多地使用英语，关键在于我。老师、家长和其他成年人都必须相信，孩子们能够自己做很多事情，而且他们做这些事情的速度比我们想象的要快得多。其实我们只需要'点燃'他们。我不希望他们只是学习特定数量的英语单词，也不希望他们只是通过特定的测试。我想让他们用英语交流。我希望他们能自如地听说读写英语，不仅仅在学校，更是在现实世界中。我希望他们能够到另外一个国家旅行。即使他们说英语并不流利，也要有勇气说，并坚持下去，直到能说一口流利的英语为止。"

鼓励学生的一种方法是让他们决定在课堂上谈论什么。安德斯经常以谈论当天的新闻作为开场。周一早上，他会谈论周末发生的事情，并让他的学生发表评论。有时，在全班同学面前用英语开始对话很困难，安德斯就把他们分成小组。让他们在用英语交谈时做一些活动也会有所帮助。这些都是为了让学生们锻炼语言肌肉。

"英语教师有很多工具可以使用，可以利用电影、音乐和电脑游戏来吸引学生。而且我总是试图了解他们的兴趣所在，并从兴趣入手。我需要围绕既定的学习目标，教授他们必须知道的主题以应对考试，但我会尽可能地关注他们本身的兴趣。"

有时，安德斯可能会先给学生看某类示范性视频，比如播放英国厨师杰米·奥利弗（Jamie Oliver）的美食节目的片段，然后请全班同学一起讨论组成视频的不同元素。他们会拆解视频，以了解它是如何构建的。然后安德斯会让他们组成小组，自己制作烹饪视频。

安德斯还会用童话故事和奇幻小说来教英语，因为他的许多学生都喜欢奇幻小说、漫画书和电脑游戏。安德斯会让他们讨论那个宇宙中的人物和事件，有时他要求学生画一条龙或一些其他幻想出来的动物，并用英语向坐在他们旁边的人进行描述。谈论自己所喜爱的话题有助于增强学生们的主人翁意识，而且会让谈话变得更有趣。安德斯经常这样做：当其中一个学生对某一主题比较了解，而另一个却不了解的时候，他会尝试让这两个学生展开对话。

他曾在英语课上布置过一项任务，叫"爸爸妈妈是怎样相遇的"，学生们需要用英语采访他们的父母，制作成一段简短的音频，然后呈现给全班同学。学生之间互相用"两颗星和一个希望"的方法给予反馈：给每一组表现得好的地方两颗星，给需要改进的地方一颗星，再给一个希望改进的建议。

还有一个主题是"我的英雄"，每个人都要向全班同学介绍一位在他们生活中非常重要的人。当学生在介绍时，安德斯会在黑板上写下他们演讲中的关键词，确保班上的其他人也能学习并掌握那些单词。

"孩子们能够自己想出很多单词。作为老师，看到这些新单词的出现是非常鼓舞人心的，你必须为这样的学习留出时间和空间。当一个学生提到一个新单词时，其他的学生都会学到并尝试运用它，于是大家的词汇量就在对话中不断地积累和增加。作为老师或家长，你最重要的工作就是通过鼓励孩子们尽可能多地互相说英语，让这个过程持续发生。"

对于高年级的学生，安德斯还会教授他所谓的"商务英语"。他让学生们进行角色扮演，假装自己是企业老板、销售人员或顾客。他们将谈论销售、购买和投资，常常需要自己翻译成英语。他们还得集体排练，在全班面前表演，这对帮助他们站在全班同学面前、增强自信心大有好处。有一些学生在单独发言时很吃力，但让他们两个人或四个人一组时，他们的发言就会流畅得多。在期末考试中，他们会做一个口头报告，而这通常不是问题，因为他们在这一年里一直在和朋友们分组练习。

有时，安德斯还会把他的英语课和科学课混在一起上。他的学生一边用磁铁做实验一边说英语，新单词就会从他们的对话中涌现出来。然后，学生们在做一些其他具体的事情时，也会用英文展开讨论，并运用他们所掌握的词汇。

安德斯让他初二的学生制作过一段演示视频，叫作"如何燃起营火"。做完最初的词汇练习，确保每个人都掌握了所需的基本单词后，他们就一起来到属于学校的一片露营区域，商量如何正确燃起营火。安德斯就在附近，确保每个人都继续说英语，但除此之外，他不会干涉太多。

"当他们在玩耍中、在实验中开心地把营火生起来时，运用那些单词就更自然了。他们倾听小组里的其他孩子说话，然后通过对话学习与营火有关的基本单词。当他们离开书桌，一起经历并在现实世界中构建一些东西后，他们会更容易记住这些单词。这就是在实践中学习——一起在户外做事的同时也练习了英语。当他们需要把注意力集中在其他事情上时，我认为这会减轻他们必须说外语的压力。当被迫在全班同学面前发言时，他们往往会更加焦虑，只会给出简短的回答。我花在黑板前的时间越少，我的学生花在小组学习和对话上的时间越多，效果就越好。这会让他们更容易掌握一门外语。"

安德斯说，过去，教语言的老师会把学生看成需要装满知识的空容器，就像你需要把汽油倒进汽车油箱里一样。老师会告诉他们说什么，孩子们必须重复。而今，大多数教语言的老师已经意识到，让学生之间开始对话，学习效率要高得多。对于那些不喜欢在众人面前说英语的学生来说，传统一问一答式的教学可能会很糟。青少年对此尤其敏感，如果把他们逼得太紧，他们有可能就变得很消沉。一次糟糕的课堂经历就可能毁掉他们之前好不容易建立起来的自信。

安德斯偶尔也会给他的学生布置书面作业，大多数人会觉得枯燥且重复，但也有一些学生对此感到舒适。这些学生喜欢确切地知道老师对他们的期望是什么。但安德斯表示，他们很快就忘记了从书面作业中获得的知识，因为它们不像通过对话和实践经验所掌握的那样牢固。

"我不相信'应试教学'，我也避免使用多项选择题，因为我发现它们不如对话有效。我想让我的学生掌握长期技能。当然，这是一种平衡，因为他们也需要通过书面考试。学生之间的水平存在相当大的差异，有人在初一的时候英语就已经很流利了，也有人基础英语还不太过关。这和他们的父母有很大关系。如果他们的父母会说英语，又经常旅行，那么他们学习英语往往就会比较容易。但整个班级必须一起学习，必须让他们都有成就感。我有时会在黑板上画一个梯子，向他们解释，有的人已经站在第 20 级台阶，而有的人还在第 5 级。我的工作就是确保他们都能从每个人开始的地方往上走，而不是确保每个人在考试前都能达到第 30 级台阶。他们必须互相帮助，一步一步往上爬。只要他们能不断向上爬，就算是做得很好。"

安德斯说，掌握语言学习的关键就是保证每个孩子通过使用语言而每天进步一点点。

切克罗内学校有很多受过良好教育的家长，他们有时会要求老师多关注孩子的拼写和语法。安德斯必须向他们解释，为什么他不在这些方面花更多的时间。他谈到了内在动机的重要性——切勿过分关注语法或拼写而吓跑孩子。

在初三的全国英语书面考试中，语法只占考试的一小部分。大部分考试涉及听力、阅读和口语。随着期末考试的临近，安德斯会让他的学生多做一些测验练习。绝大部分的学生将要升入高中，笔试部分会变得更加重要。

"当我的学生准备考试时，对我来说这一切也像是一场考试。如果我的学生没有取得好成绩，我要负责任。在这段时间里，你很容易就会回到多项选择题的测试上来，让学生们为了考试死记硬背，但你必须抵制住这样做的冲动。你必须相信，他们最终会从你的教学方法中学到更多。我相信学生是从成功中学习，而不是从失败中学习的。作为老师或家长，为孩子提供尽可能多的成功机会是至关重要的。这非常有助于内在激励和创造成就感。即使只是一点小小的成就感，也会让他们坚持学下去，让他们更容易开始自己说英语。你能做的最糟糕的事，就是说他们不够好，或者把他们和班上的好学生比较。如果你为整个班级设定同样的标准，那么相当一部分学生将达不到这个标准，从而会丧失动力，失去信心。不断累积的失败会使学习意愿很快消失殆尽。如果你鼓励学生们在相同的条件下相互竞争，那么只有少数人会觉得自己达到了你的期望。这样一来，你只是帮助了 10% 的学生，而剩下的都会感到失望。你应该帮助每个学生成长和进步。只要他们都在向上爬，就说明你干得不错，他们不需要都到达既定的目的地。"

尽管安德斯做出了很大努力，但在他的课堂上，还是会有一些学生拒绝开口。即使是在两人或四人小组中讲英语，他们也害怕自己讲的听起来很傻。安德斯通常会让他们和自己在班上最好的朋友组队，让他们在另一个房间对话，这样他们就不用担心其他同学听到他们犯的错误。通常这些对学生是有帮助的，他们会逐渐获得信心，开始在课堂上发言。但如果还是没有效果，安德斯会在放学后为他们安排"一对一"教学，帮其渡过难关。

"根据我的经验，最好是让他们尽可能长时间地待在自己的舒适区，这样可以让他们积累词汇，练习英语口语。之后，他们必须站在全班面前进行演讲，但只有当他们准备好了的时候才可以进行这一步。如果我过早地强迫他们在课堂上说英语，他们就会产生排斥心理。我曾经遇到过这种情况，之后便很难让这样的学生再赶上来了。如果一个学生在全班同学面前讲话感到紧张，我会提前跟他协商好，提前告诉他我在课上什么时候要问他什么问题，让他有时间做好准备，甚至和我先练练。如果我的学生因为在全班面前被点名而失去了安全感，他们就会不愿意再开口说英语了。每个人都应该有充足的准备时间，从容不迫地站到台前。这会提升自信。说到底，一切都取决于信心。"

安德斯·乌达尔对英语教学的建议

● 从学生们最感兴趣的话题开始。每个人都有喜欢的人物、电影或运动，这些话题是他们想要与朋友们讨论的。

● 要有勇气问孩子们平时都喜欢什么，可以和他们一起谈论时事新闻或者他们正在看的电视节目。

● 表示你想要了解孩子们学生身份下真实的自己，坐下来和学生聊聊他们的周末，花时间更好地了解他们，表达出你对他们的兴趣。

承担责任
是成长的开始

金·林贝克，48 岁，教龄 19 年，在欧登塞的索胡斯学校教社会研究，荣获《政治报》2017 年丹麦最佳教学奖。

小时候的金·林贝克并不是一个好学生。他成长在 20 世纪 70 年代的丹麦农村，他的一些老师非常传统。他们希望学生保持安静，认真听他们说的每一个字。金却很难做到这一点，他总是无法集中注意力，也难以记住学过的任何东西。教室里严格的等级制度更令他感到沮丧，金感觉老师是和学生生活在不同世界里的人，他们并不关心金或者他的同学们想要说什么。

　　许多年后，当金成为一名教师时，他发誓自己要做得不一样。他希望自己和学生是平等的，会让他们充分参与。他具有权威，但不会独裁。

如今，金最喜欢的教学方式就是桌面游戏（以下简称"桌游"）。是的，你没看错。他设计了好几款教育类桌游，已经被丹麦各地的学校拿来教孩子们平等和自主的概念。这些桌游也让金在他任教的索胡斯学校里特别受欢迎。这所学校所在的欧登塞是丹麦的第三大城市，也是丹麦童话作家安徒生的故乡。

金设计的桌游非常大，有的需要占据整张餐桌，最多可以供70名学生同时来玩。其中一款游戏是关于地方政治的。在游戏中，学生们可以组成八个小组，对应欧登塞市的八个政党。他们通过掷骰子决定自己属于哪个政党，然后与其他政党争夺政治影响力，最终目标是成为欧登塞市的市长。他们要在大棋盘上移动自己的棋子，回答问题，就政治问题与其他党派进行辩论，有时还会暂停游戏，小组先进行内部讨论、商量策略。想要获胜，他们必须做出妥协，并与其他政党建立联盟，就像现实生活中的政治一样。在这个过程中，学生们了解了公共预算，并就如何使用纳税人的钱展开激烈的讨论：有的代表可能想要举办免费的户外音乐会，有的则想要翻修市中心。金让他的初三学生每年至少玩一次这个游戏，即使这个游戏通常需要整整两天时间才能完成。

"当然，除了玩游戏，我们还做很多其他的事情。"金一边说，一边在学校自助食堂的桌子上摆好他的桌游，"我也花了很多时间教我的学生不同的政党代表什么以及政治制度是如何运作的。但比我教的科目更重要的是我教授的方式。我不相信仅仅通过让孩子在学校里学习一门课程就能把他们教育成社会中的好公民。作为教师，你还需要向他们展示什么是平等和自主，必须把这些精神带到课堂上。"

大多数斯堪的纳维亚学校都是这样做的。从上学的第一天开始，斯堪的纳维亚的孩子就被鼓励要多说话。老师会让学生与其他人分享自己的观点，并在其他同学发言的时候保持安静、用心倾听——学生们需要很长的时间才能做到这一点。孩子上学前几年的重点就是学习展开平等的对话。在孩子上学的前两年，大多数丹麦教师会花好几百个小时与学生交流，教他们必须轮流发言，当别人说话时，要安静倾听。老师还会让孩子们投票决定在课堂上做什么，比如是想外出学习还是待在教室里，是想读这本书还是另外一本。

金说："每个人都有发表自己观点的权利，并应该尊重彼此。当然，这对6岁的孩子来说很难。他们需要很长的时间才能学会好好坐着、听同伴们讲话。然而，他们需要花费更长的时间才能够解释大家说了什么、他们听后的感受以及为什么会有这种感受。站在别人的角度考虑问题，是一件听起来很简单，但需要去学习的很重要的事。因为你真正要学习的是如何共情他人。"

跟其他丹麦儿童一样，索胡斯学校的学生很快意识到，他们能够影响教室里发生的事。在一年级时，他们可能会学习"世界上的动物"这一主题，然后他们的老师会问他们想关注哪种动物以及为什么。最后他们可能需要投票来决定老虎和大象谁更受欢迎，少数要服从多数。而每周读什么书、做什么运动以及去哪里郊游也会在班上进行投票，每个同学都需要尊重投票的结果。

在大多数的丹麦学校里，学生们还会轮流劳动，比如在午休时扫地或从自助餐厅取牛奶。每个人都要做好自己的事，并且老师鼓励他们讨论是否每个人都有贡献。

"虽然只是很小的事情，但它们能够促使孩子们承担责任，开始做出选择，并学会接受选择的结果。"金说，"随着时间的推移，我们会逐渐让学生们承担起更多的责任。不断地让大家参与其中，并敦促每个人做出影响周围世界的选择。在这里，每个人的意见都很重要。作为教师，我尽量地往后退，一切由他们自主决定。我会给他们一些可以做什么的建议，但不会强迫他们做任何他们不想做的事。举个例子，当我们举行一年一度的运动会时，我会建议大家去尝试一项新的运动，比如在丹麦比较冷门的棒球。但最终决定权在孩子们手中。每年当中也有几天会让学生们完全自主选择在学校的所有活动。到了初三，每个学生都要自主选择一项课题，并花一周的时间来完成它。他们的任务是找到一个自己想要解决的问题，然后用他们自己喜欢的方式来解决这个问题。一周之后，他们可以自己决定交作业的形式——文本、视频或其他任何形式的作品。以上所有都可以归结为一点，那就是学生能够真正做出选择，并接受选择的结果。"

金说，这一点很重要的原因有很多。让孩子们自己做决定，会鼓励他们变得更加独立、更有责任感。

"或早或晚，每个人都要开始在人生中做选择，你得接受这件事。过去大家毕业的时候，可能没有那么多选择要做，但现在的学生不同了，他们有很多决定要做：应该选择哪种教育？应该选择什么专业？最后想要从事什么样的工作？仔细想想，如今的年轻人所面临的选择和要做的决定实在太多太多，只有学会做选择，才能取得成功。他们要学会做出正确的选择，学会掌控自己的生活，但有时做出错误的选择也没关系，错了也不是什么'世界末日'。每个人都会做出错误的决定，但每个人都有修正错误、继续前进的可能。最重要的是，要开始真正做出选择，让命运掌握在自己手里。否则在面对重大选择的时候，你可能会无法承受那种压力。最可怕的是，当有一天醒来，你发现自己已经22岁，却还从来没有主动做出过任何选择。一个孩子只是遵循他的学校、父母或他所在的文化给他指出来的那条路前行，迟早是要遇到艰难险阻的。既然每个人在到达一定的年龄之后都要掌控自己的生活，那为何不让他们早些适应呢？"

这也是上学不光是学习像政治、数学和英语这些学科的另一个原因。金对此非常有热情。学校是社会的一部分，应该反映出社会运行的规则和模式。尤其对于高年级的学生，他会使用那些桌游来教学。

"教低年级的学生时，最重要的是让他们互相倾听和尊重对方，让他们明白什么是可以接受的，什么是不可以接受的。老师要努力营造一种气氛，让每个人都感到受欢迎，并且知道自己的声音会被听到。而当他们到了高年级，我就要开始向他们呈现来自外部世界的更复杂的问题和困境了。到了初一，学生们已经熟悉了怎样讨论和陈述论点，是时候拓宽他们的视野了。这时，我会开始向他们展示道德选择的困境和现实世界中的问题，并要求他们通过辩论来解决这些问题。作为老师，我仍然会对每一个建议和意见持开放态度。只有当他们说粗话、讨论不具有建设性或者提出了非法的解决方案时，我才需要让他们知道。虽然我设计了规则，但我的角色更像是一个向导，而不是一个权威人物。有时，我要保证让安静的学生也有机会发言，努力创造一个人人皆可发挥作用的环境——有时这意味着告诉那些更自信、嗓门更大的孩子，要给其他同学展示的机会。我们不希望把课堂分成对立的两部分，而是想让班里的每个人都参与、做贡献。每个孩子都应该知道，自己的意见和发声很重要。如果孩子们所在的班级是划分'优等生'和'差等生'的，他们就无法学会倾听，也不会共情周围的人。"

一些斯堪的纳维亚父母会抱怨老师这样的做法。他们担心这种温和的方式对他们的孩子不利，会让那些更有天赋的学生不停地等待较弱的学生赶上来。

"如果家长希望我让他们的孩子在学业上表现得更好，我会告诉他们，在保证集体利益的前提下，我一定会对每个孩子都竭尽所能。但我不能让哪个孩子格外受到重视，即使他的父亲或母亲是某个大公司的首席执行官。如果他们想让自己的孩子在所有方面都表现得非常出色，他们应该去足球场上或到别的地方去培养，而我们的班级是一个共同体。"

大多数丹麦父母都很尊重这一点。他们的孩子开始上学后，会成为一个更大的社区或"共同体"的一分子，与其他的孩子是平等的。但是金说，仍会有一些家长需要时间去适应这一点。

"当一年级学生去郊游时，他们可能会投票决定是吃冰激凌还是喝汽水。如果班上大多数人都喜欢吃冰激凌，那就会吃冰激凌。有些孩子可能会因为想要喝汽水而变得暴躁，但他们很快就不再抱怨了。他们学会了体谅他人，尊重多数人投票的结果。而且，没有人受到特殊对待。我不认为得到特殊待遇会有什么好处。如果一个人一辈子都在接受特殊对待，那他的成长压力是很大的。

我的目标是让学生们在初三毕业时掌握一身专业上的本领并且满怀自信。我希望他们离开学校时，有自主学习的欲望，有帮助他人的动力，并有自主做决定的能力。"

说着，金从他经常和初二学生一起玩的另一个桌游中拿出一沓卡片，这些卡片的内容是关于年轻人的社会权利的。他们玩的时候会组成不同的小组，轮流抽出一张卡片，并读出上面的观点，然后再讨论他们是否同意这些说法。这些观点有关于酒精的，也有关于协助自杀的，经常引发激烈讨论。当大家读完第一轮后，各小组会就其中不赞同的说法进行辩论。

金拿起一张卡片，念道："如果你说的话或写的文字侵犯了其他人的宗教信仰，就可以剥夺你在公开场合发表言论的自由。"他把卡片放下，说道："好的，我们先讨论一下这个问题。如果你的行为冒犯了别人，你应该因此而失去某些权利吗？我们曾经失去过这些权利吗？"

他拿起另一张卡片，读道："如果你没有接受过任何教育，就可以剥夺你在全国选举中的投票权。"那里面还有关于死刑和其他复杂问题的卡片。

"相较于只是对一个问题进行阅读理解，这样玩一个简单的游戏，然后就你是否同意这个说法做出选择，会让人感觉更像是在现实世界中发生的情况。他们会感到更有趣。"

当学生们在玩游戏时，金通常只是站在他们身后。他可能偶尔需要去纠正大家的语气，或者提醒一下游戏规则，但他的角色与他成长过程中遇到的那些传统的老师非常不同。

"当他们投入其中的时候，我最重要的工作就是不停地说'你做得很棒'、'你可以发表自己的意见'、'我们想听听你的想法'或者'你的声音很重要'。我的学生不应该害怕提出不同意见，也不必去迎合什么'条条框框'。如果你问我，丹麦学校在什么方面做得很好，我觉得是我们在培养善于谈判与合作的成年人。当丹麦的学生初中毕业时，他们是很善于倾听以及与他人合作的。因为在他们曾经的课堂上，有老师倾听他们的意见，并引导他们形成更多自己的意见。学生也会向他们的老师学习如何帮助他们周围的人。斯堪的纳维亚人能够与不同国家的人合作，并在需要时做出妥协，这一点举世闻名。而这些能力都是在学校里培养出来的。基础知识固然重要，但是说实话，大多数成年人都想不起来自己在初二或初三时所学的那些知识了。这就是我们大脑的工作方式——我们容易遗忘事实性的知识。但能力和习惯会一直伴随着我们，影响我们今后如何与人相处和交往。"

在大多数丹麦学校里，学生会参与学校管理，对学校如何花费预算有发言权。和其他公立学校一样，索胡斯学校的学生会包括了从一年级到九年级的学生代表。[1]

1　根据丹麦的学校法，任何拥有五个年级以上的学校都应该设立学生会。学生会代表由一年一度的投票选举产生。每个班都会有一些学生参与竞选，然后全班进行投票。投出学生会代表后，代表们将再次投票选举学生会主席。学生会主席通常由一位高年级的学生担任。

他们在工作中分为两个学生会，分别是代表一至五年级的和代表六至九年级的。[1] 高年级的学生会定期举行会议，在学校管理方面发挥着重要作用。

金最新设计的一款桌游的灵感就来自学生会。每年，在学生会代表选举的前一天，他都会召集初中部的高年级学生来玩这个游戏。他们总是在周二进行这个游戏，并玩上一整天。

"有这样一个游戏会让学生会的工作更有趣，"金一边说，一边再一次在自助食堂的桌子上展开一个巨大的棋盘，"而且能让大家明白，加入学生会是一件严肃的事情。玩这个游戏是为了让每个人都了解学生会是如何运作的，学生会有什么样的权力以及如何利用它来影响学校的运作和管理。每所学校可能都会有因为可以不上

---

1 丹麦实行十年义务教育制度，即 0—9 年级。0 年级为幼儿园，1—6 年级为小学，7—9 年级为初中。在丹麦的公立学校中，孩子们从 0 年级到 9 年级通常都在同一个班级里。——编者注

课去参加学生会例会而申请加入的同学——我上学时可能也会这么做，但当学生们玩过这个游戏后，他们就会意识到，可以不上课并不是加入学生会的一个好理由。"

金从这款学生会桌游中拿起一张所谓的"两难牌"，大声念道："莫特同学讨厌上学，常与老师发生争执，课堂上也不积极参与。当要选举学生会代表的时候，莫特是唯一一个报名的。可他只是为了能够逃避上课而参选，这样做对吗？"

这个游戏里设置了十个这样的难题，每届学生会都可能要面临。

"我不想告诉他们什么是对，什么是错。"金说，"当他们讨论游戏中所面临的两难境地后，他们会得出自己的结论，并意识到让一个同学仅仅为了逃避上课而加入学生会可能不是个好主意。或者，年复一年地选择同一个人担任学生会代表可能并不太明智。又或者，不应该仅仅因为某人受欢迎就给他投票。当然，我不会告诉他们该如何看待这种难题，他们必须自己来反思。真正的学生会选举就在玩完游戏的第二天进行，而那时，学生们会非常认真地对待整个过程。"

玩游戏的过程本身也很有意思，每个小组必须就能否吸烟、食堂菜单的合理性和手机的使用等问题，对如何改变学校的政策提出建议。在向其他玩家提出自己小组的建议之前，他们需要先花几分钟讨论各自的意见。最后，这个游戏的结果就是他们在一起想出来的各种方案，完全取决于他们自己。

当他们在游戏板上移动时，孩子们会不断遇到各种新的挑战，比如：有研究表明，教室里的噪声太大了，那么，学生会要如何解决这个问题？校长想制作一个宣传册来向有意就读的学生介绍学校，其中应该包括哪些内容？有时这些小组还要制作一部短片，讲述学校在2030年应该是什么样子，或者要设计出"有趣的课间五分钟"，保证学生得到一定的身体锻炼。

"每次遇到挑战时，我们都会讨论如何在现实中解决这些问题。我们要向谁去提出这些建议？应该使用哪些合适的渠道？通过玩这个游戏，学生们有时会产生很棒的想法，会把自己的建议提交给学校管理层，让他们在下次会议上提出。"

学生会积极参与学校的各项运作，并定期提出改革的建议。在索胡斯学校，高年级的学生会有自己的办公室，他们可以在没有老师参与的情况下开会。他们还定期与低年级的学生会联系，听取他们的意见。

金说："学生会的作用是解决具体问题。他们一直在寻找需要改进的地方和需要解决的问题。他们没有钱，所以非常需要有创造力。如果有很多钱，便很容易想出解决办法，但在公立学校中，通常没有那么多资金。所以，学生会的第一条准则就是：只能提现实可行的建议。要有创意，但也要现实。学生们明白，他们有一个可以工作而且有影响力的空间，他们必须在这个空间里尽自己最大的努力。"

学生会成员还可以加入不同的小组委员会。有的小组是负责环境的，提出了垃圾分类和可持续发展的建议。有的小组负责与当地的企业合作。还有负责健康生活的"乐活委员会"，提出了像反校园霸凌这样的倡议。通过组建新的小组委员会，学生们实际上是在学校里练习做项目管理，并学习如何在他们的社区中发挥真正的影响力。

**金·林贝克对平等自主
教育的建议**

● 让孩子们知道，人人平等，对学习和生活上的事都可以自主讨论，但也要对自己的选择承担结果。

● 让孩子们知道，积极对话很重要。留给大家讨论跟他们日常生活有关问题的时间和空间，让大家知道什么时候他们使用了强有力的论据，什么时候还不够有力，什么时候超出了底线。

● 让孩子们拓展眼界，打开思路。当你的学生对他们周围发生的事情，包括学校、社区、地区、国家和世界上发生的事情感兴趣时，你就知道你已经成功了。

在教学中培养
全球视野

安德斯·舒尔茨，42岁，高中老师，教龄13年，在莱森斯汀中学任历史老师，同时也负责学校的全球公民课程项目。

丹麦儿童和青少年给外国人留下深刻印象的一件事是他们的英语说得非常好，这有几个原因。丹麦是一个只有 5 700 万人口的小国，丹麦人是看着英语电视、阅读英语书籍和漫画长大的。外国电视节目在丹麦只放原声，并配上丹麦语字幕，所以孩子们在阅读母语的同时可以接触到原汁原味的外语。

　　此外还有一个重要原因。在学校里，丹麦的孩子会学习将自己视为全球公民。他们会去了解人类面临的全球性挑战，并被鼓励出国学习和找工作。公民身份的理念是丹麦教育体系中的基石，学校不能只负责教育孩子，还要负责培养他们成为能够在社会中承担责任的公民。在学校，孩子们学会相互尊重，以民主的方式表达自己的观点。渐渐地，丹麦的公民传统加入了全球化的视野。时至今日，学校更是在全球化的大背景下教授这些原则，其目标是让学生为全球化未来做好准备——他们需要能够与来自不同背景和文化的人交流合作。

在这方面做得最有说服力的学校当数位于哥本哈根市中心的莱森斯汀中学，这得益于他们从 2010 年就开始做的每期三年的全球公民课程项目。42 岁的安德斯·舒尔茨在这所高中教历史，同时也是这个项目的负责人。

舒尔茨说："我们希望把丹麦的公民和民主的观念带入一个全球化的世界。这意味着要做两件事：第一，激励学生为国际化的职业生涯做好准备。我们希望学生们能够与来自其他文化的人一起工作，在世界舞台上游刃有余。第二，我们希望学生们能够接受良好的教育，并为应对 21 世纪的全球性挑战做好准备。我们并不是说他们都应该做慈善工作，而是希望他们在做任何事情时都能够拥有国际视野。"

莱森斯汀中学可能是世界上唯一一所拥有完整的三年全球公民课程的学校。发起课程的原因，始于丹麦学生出国留学人数的下降。丹麦有着向世界各地的大学输送学生的传统，当人数下降时，学校校长和舒尔茨开始探讨其原因，并最终决定设计一个研究项目来解决这个问题。

莱森斯汀也是一所传统高中，学生在这里学习数学、语言、艺术和音乐。但因为属于全球公民课程项目，每个学科都会培养学生们的国际视野。通常情况下，学生只被他们家附近的高中录取，但莱森斯汀中学获得了政府的特别许可，可以接收来自丹麦各地的学生。全球公民课程项目由学校提供资金，不过家长要为孩子高中结束时的海外学习之旅买单。

当莱森斯汀中学引入这个项目时，他们还创建了10个新学科。其中一个学科是"文化理解"。

"我们想教给学生关于全球公民的三个层面。"舒尔茨说，"第一是对世界事务和全球性挑战的认识；第二是对文化之间交流和影响的分析能力；第三是采取行动的能力。学生们应该相信他们能够在世界上有所作为，并有知识、有能力在世界性舞台上展开行动。如果他们不知道外界发生了什么，或者没有接受过专门的分析训练，也就无法再有所作为。我们认为，学生有义务接触其他文化，并应该试着去理解为什么其他国家的人会有各自不同的感受和行为。这个世界正在变得全球化，学生需要理解它，并学习如何应对。经济在变化，科技在进步，他们要有所了解，并为之做好准备。不但要了解正在发生的变化，还必须知道如何在瞬息万变的时代洪流中坚守丹麦教育体系的传统价值观。"

舒尔茨一直是这个项目的推动者。他认为，学校不仅应该帮助学生们在高中时代为未来的生活和职业生涯做好准备，还应该鼓励他们为全社会承担起责任。他希望学生们在离开学校的时候怀着一种能改变世界的愿望。

"我们认为教育应该是国际化的，但我们真正教给他们的是丹麦学生被教导了数百年的价值观。这是丹麦人的公民身份、责任和能够在全球环境中开拓自己道路的传统。这是一种更深层次地看待公民身份的方式，远比在选举中投票重要。学习如何成为一个民主国家的公民，也包括学习如何与他人、与周遭的社区交往。这关乎倾听别人的意见、学习采纳更好的观点。所以，我们是在切切实实地拓展一个非常根深蒂固的丹麦传统，并赋予其全球化的维度。我相信这些非常传统的价值观在今天仍具有关键性的影响，能对全球化人才的培养起到关键性作用。"

舒尔茨相信，跨国公司在招聘未来的管理人才时，也会对类似的价值观和技能感兴趣。

"当下，要想在国际社会中取得成功，仅仅熟练掌握英语或精通某一学科是不够的。你必须知道如何分析你周围发生的事情，并有信心和能力采取行动。这些技能不仅在政界很受欢迎，在商界也同样受欢迎。许多企业试图发展独立的部门促进员工自己来做决策，而不是采用层级结构和自上而下的管理。研究表明，这种组织架构有利于创新，丹麦的企业也因此而闻名世界。快速的决策不一定是由最资深的经理做出的，而更可能是由对这个主题最了解的人做出的。在这样的商业环境中，管理者信任员工，而员工有信心自己做决策。这不仅是一个国家的文化和传统凝练而成的结果，也是可以薪火相传的能力。当学生们了解了公民身份以及每个人都有义务代表他们的社区采取行动时，他们便拥有了在商业中难能可贵的能力。光有广博的知识是不够的，你还需要有内心的声音告诉你：'你能行！你可以改变世界！'

学生们必须有能力做出重大决定，肩负责任并承担后果。这在很大程度上与自信心有关。我们要尽力帮助他们在学校建立起能够让他们终身受益的强大信心。"

全球公民课程项目的第一部分是获取全球事务和世界各地不同文化的相关知识。每个班级会在另一个国家有一个伙伴班，并在开学的第一天互相介绍认识。莱森斯汀中学在中国、韩国、美国、俄罗斯、阿根廷和冰岛都设有合作的伙伴班级。学生将会了解各个国家，也要特别关注他们自己伙伴班级的国家。例如，在历史课上，关注韩国的学生将学习韩国被日本占领的历史以及朝鲜战争。艺术课上，他们会读韩国文学，听韩国的流行音乐。每一个学生都要成为韩国政治、文化和社会方面的专家，并为高中最后一年访问伙伴班做准备。他们会花很多时间准备这次旅行。他们会谈论文化差异以及如何处理语言障碍、对立观点和误解。在全球事务的课堂上，舒尔茨总是向学生们展示一系列世界变得更好的事实，来作为课程的开始。

"我想向学生们展示，尽管他们面临许多挑战，但他们这一代人实际上比前几代人过得还是更加容易。世界的总体情况比三十年前好多了。虽然我们有只关注消极一面的倾向，但也有能力改变自己看待事物的角度。我们应该让学生明白，只要努力，他们就能做出贡献，改变世界。这种认知将激励他们更加努力。这份责任感并不是仅仅通过一门课获得的，而是来自日常的每一件事，这是一种校园文化。它来源于我们与学生交流的方式，来源于我们不断向学生灌输的理念——要理解周遭发生的事情并有能力采取行动，也来源于我们对学生意见的尊重，鼓励他们畅所欲言。丹麦的学生从小习惯了和成年人打交道，他们从幼儿园起就被鼓励去挑战权威。丹麦的老师经常告诉孩子们要独立思考，不要认为任何事情都是理所当然的。所以，当他们上高中的时候，早已经习惯独立思考了。我认为老师应该把学生当作有权利表达自己观点并且能够照顾好自己的年轻人。只要他们能够用合理的论据来表达自己的观点，老师就必须尊重他们的意见。我们成年人对待他们的态度也在向他们表明，应该如何尊重和倾听每一位公民，不仅是丹麦公民，还有韩国、中国、美国以及世界上其他所有地方的公民。当然，这始终是一个挑战，因为作为一名教师，你仍需要在一定程度上维护自己的权威，需要不断保持这之间的微妙平衡。即使不改变社会文化或等级制度，教授全球公民意识也是有可能的。丹麦的历史文化与中国、韩国或美国的不同，但这并不意味着它们的学校不能适应这种教学方式。打破学校里的等级制度，鼓励学生更独立、更有批判性、更愿意形成自己的观点是有可能的。我认为这种文化是非常健康的，不仅在学校，在政府和企业都是如此。而你并不需要通过改变一个国家的文化来改变教育体系。我知道很多国家都希望鼓励批判性思维、创造力和创新，而教授全球公民这个概念正是实现这一目标的好方法。"

舒尔茨表示，他们的老师在教学中融入国际元素并不困难，他们高中的每一门学科都具有国际视野。比如在科学课上，老师可能会特别关注气候变化以及不同的国家和文化如何应对这一挑战。在历史课上，老师可能会重点关注过去联合国或不同社会是如何应对难民问题的。在数学课上，老师们可以研究金融危机或贫富差距，还可以研究数字社交媒体以及如何操纵统计数据来制造假新闻。学生们也会花很多时间分析外国文化：他们会在艺术课上分析来自其他国家的电影、绘画或建筑风格，在音乐课上欣赏来自其他民族的传统音乐。

在学校里，学生们也会讨论很多关于如何与外国人打交道的问题，比如，如何尊重他人、如何倾听他人、如何与意见不同的人沟通。这是他们为前往国外学习、与伙伴班的同学同吃同住做准备的一种方法。每个学生将在寄宿家庭待上整整一周，和伙伴一起上学，和他们的家人一起吃饭。这些交流访问有时会让丹麦的高中生颇感震惊。他们认为自己思想很开放，对其他文化很感兴趣，但竟然会在面对不同的价值观和行为规范时感到不知所措。因为要和伙伴家庭在一起相处七天，他们不能直接回避或保持安静，而是必须适应和融入。

"与来自不同文化背景的人如此亲近是非常宝贵的一课。"舒尔茨说，"如今，你必须一直与其他文化打交道。年轻人已经在网上与来自其他国家的人交流，他们可能会在以后的生活中与来自另一种文化的人一起工作。即使你没有搬到另一个国家，知道如何与来自不同文化背景的人打交道也会对你的职业生涯大有裨益。"

交流访问结束后，学生们会花很多时间一起讨论他们的经历，聊聊他们发生过的争论，或者与他们预期不同的地方。回到哥本哈根后，他们会试图找出可能造成误解的原因以及他们本可以采取哪些不同的措施。学生们还会制作几分钟的纪录片作为他们此次访问的总结，并将其呈现给全班同学和邀请参加的客人，包括当地的一些政客和记者——他们会对短片给予反馈。

"学生们海外交流回来，总会很疲惫，"舒尔茨说，"但这是他们成为全球公民的'修行'中的一个重要部分。他们必须督促自己渡过难关。比如来到埃及小伙伴的家里，却不知道该如何跟他们的父母打招呼，也不知道该说些什么，会感到有压力。在一周或更长的时间里，每天都要决定这些事情该怎么做，的确会比较累。但学生们后来都很自豪，因为他们接受了挑战，收获了成长。尤其是那些平时在学校表现不太好的学生，会感到非常自豪，因为他们发现自己有能力战胜困难了。这份自豪与成就感会激励他们去接触更多的外国人，并且会让他们很清楚地知道，未来如果需要的话，自己也可以很好地适应这种环境的变化。我们并不强迫他们出国留学或追求国际化的职业生涯，而是希望他们无论身在何处，都能成为全球化世界的一部分。同时，他们会学到一些将来才能被证明有用的东西，比如倾听的能力、和持有不同信仰的人共同讨论的能力。有了这些能力，他们才能学会沟通，学会表达自己的观点。"

国外的伙伴班级也会来到丹麦，与学生家庭共度一周的时间。到年底，他们都会参加"模拟联合国会议"（世界各地的学生学习外交的一个会议）。之后还会有一个盛大的晚宴和派对，很多学生在告别的时候都会哭。

**安德斯·舒尔茨关于
全球公民教育的建议**

● 立即开始全球公民教育。让学生知道，他们必须承担责任。让他们知道，大家的意见和行动对社区很重要。

● 开展有关遇到来自其他文化背景的人会发生什么的讨论，教会学生如何成为有礼貌的倾听者，同时忠实于他们自己的价值观和想法。

● 讨论21世纪的全球性挑战。让学生们知道，他们在解决那些问题的过程中扮演着重要的角色。

用亲密关系
提升教学效果

梅特·彼得森，47 岁，教龄 20 年，在哥本哈根北部的利勒旺中学教丹麦语，荣获《政治报》2017 年丹麦最佳中学教师奖。

"你怎么样?"

"你有什么烦心事吗?"

"怎样会让你感觉好些?"

这是梅特·彼得森反复提出的三个问题。她是一名教师,虽然她也像其他老师一样每天花很多时间陪伴孩子们,她却觉得自己更像是一名心理学家或者一个精神导师。

在哥本哈根北部的利勒旺中学,梅特被称为"梅特妈妈"。在丹麦,和学生保持亲密是胜任班主任的关键。班主任是一个班最重要的教师,不仅教书,还要观察学生的身心健康状况。班主任对青少年来说尤其重要，因为在这个年龄段，他们容易激素失调，班级内的人际关系会经常发生变化。有些学生会对学习失去兴趣，或者跟朋友和家人发生争吵。

这时"梅特妈妈"就会站出来帮助孩子们。她会把她的学生拉到一边并且开始问这三个问题："你怎么样？""你有什么烦心事吗？""怎样会让你感觉好些？"有时她必须迅速行动。被困扰的青少年学生如果得不到及时的帮助，他们在学校的表现很可能就会变坏，甚至心理受到持久的影响。有些学生因此对自己失去的信心，要在很多年后才能重拾。

像丹麦的大多数班主任一样，为了防止此类事情发生，梅特会定期和她的学生进行交谈。她经常和孩子们一对一谈论学校作业以外的事情。如果学生有烦恼，梅特会安排每周和他们见面，也会同他们的父母谈谈。每周都有 45 分钟的时间供班上的每一个人谈论自己的身心健康状态——许多斯堪的纳维亚的学校都是如此。老师会提出这一周同学们之间发生的需要注意的事情，并确保每个人都能从中学习。在开这些班会的时候，梅特会鼓励每个学生积极与其他同学分享自己的想法和感受。

"我认为成为一个优秀班主任的关键是了解孩子们。"梅特在学校的教师休息室里边喝咖啡边说，"对于'了解孩子们'这点，我的意思是真正去了解他们。我想知道他们是谁，他们在校外遇到了什么。我想参与他们的生活，而不只是他们在学校里的老师。我不想成为那样的人——上课的时候走进教室，讲几个小时课，然后就走了。我想和我的学生们建立良好的关系，这不仅仅是因为我想让他们保持健康快乐，更是因为我们亲密的关系可以提升我的教学效果。"

如果有学生正在经历一段困难的时期，梅特只有一个目标，那就是确保他每天早上都来上学。一旦学生开始逃学，在没病的时候打电话请病假，情况一般就会变得更糟。她说，这就是每周开班会如此重要的原因。如果你每周都对整个班级的身心健康状况进行盘点，那么学生们的问题基本不会发展得很严重，困难处理起来就比较容易。当梅特在每周班会上提到学生之间的冲突或者其他问题时，实际上也在向他们表明，这间教室是一个安全的空间，是一个解决问题的地方，而不是激化矛盾的地方。她希望学生们能意识到，不管他们面对的是什么，解决问题的办法永远都不是远离学校，而是每天都来上学。即使他们没有取得最好的成绩，也有许多其他的理由让他们继续上学。

"不管学习好坏，所有的学生都应该享受早晨来学校的乐趣。"梅特说，"教室应该是一个欢迎所有人的地方，这可能是丹麦的班主任以及其他所有老师最需要注意的一点。哪一所学校都可能存在不同的问题，有的孩子之间互相欺负，有的孩子压力太大甚至因此而抑郁。我不能解决他们所有的困难，但我至少可以做到让我的学生在学校感受到被欢迎、被关爱。为了建立我们之间的良好关系，我要展示自己有多关心他们。我当然关心他们学业上的进步，但我也关心他们的身心健康和个人发展状况。不同人之间的关系是不一样的，但对我来说，和班上的每个学生都有联系非常重要。这会让他们在学校里有和在家一样的感觉。家长们也很感激我花时间和他们的孩子交流谈心。"

当丹麦的老师们谈起自己的工作，他们不会过度使用"老师"这个词。他们通常会说，他们的学生做了大部分的工作，而老师们只是对学生进行引导或作为他们的"教练"。这在初中尤为明显。当学生进入青春期，开始纠结于成长的烦恼，他们的老师通常会扮演顾问和知己的角色来帮助他们。有些老师一开始很难做到这一点，因为这意味着把自己完全展现在学生面前。但如果想让学生敞开心扉，分享他们个人生活中的疑难，老师们必须这样做。

"我经常跟学生们谈我自己的事。"梅特说，"我谈论我的家庭，我的丈夫和孩子，我分享我们家在业余时间做什么。通过交谈，我的学生了解到我是什么样的人，我的价值观是什么。他们知道我丈夫的职业，我的孩子们多大了，甚至知道我的孩子们放学后做什么。我的儿子也是个青少年，每当我谈论我儿子时，我的青少年学生们总能联系到自己。当我抱怨我的儿子时，有的学生会说：'你说话就像我妈一样！'跟他们分享我的个人经历是有帮助的。当我分享个人信息时，我的学生们也会与我分享他们的故事。我告诉他们，我的大门永远为他们敞开，他们随时都可以来找我，即使他们正在伤心，或者正在跟父母吵架。当我表明对他们的兴趣，他们会感到被欣赏和被关注。所有的青少年都希望被关注——即使他们不会表达出来。"

"当然，跟学生的亲密关系是有限度的。"梅特说，"不要对学生过于友好，以至于他们不再尊重你。你可以做他们的朋友，但你首先是他们的老师，不要超越你自己的底线。"但梅特宁愿冒着对学生过于友好的风险，也不愿疏远他们。

良好的人际关系也会创造良好的学习环境。梅特的学生考试成绩优异。她相信，讨论社会问题可以提高整体的学业表现。

"如果孩子们在教室里缺乏安全感或不自信，他们就难以学好。"梅特说，"我与他们单独相处的时间是对他们未来接受教育的一种投入。你和孩子们越亲近，他们越容易把你的话听进去。因为孩子们知道你在关心他们，是真心为了他们好。当他们在教室里感觉安心，会更愿意去冒险，去问老师问题，而不害怕会出丑。这正是大多数老师所希望的——学生在课堂上积极参与，充满创造性，大胆发言。当你向学生们表现出你喜欢他们，对他们的想法和感受充满兴趣，你也在传达一个信息：老师并不只是想看大家做数学题或背历史，还想了解他们在其他方面的才能，对他们的各个方面都感兴趣，因为他们拥有各自不同的天赋。我的班上有个男生，他不是很擅长学习，但他是个出色的体操运动员，因此，我鼓励他在体育方面尽其所能。学生应该充分地展示各自的才能，即使他们的才艺与你教的科目无关。有些人可能喜欢唱歌或者有潜力成为优秀的公众演说家，我认为老师应该让他们在课堂上尽可能地发挥自己的才能。这会让孩子们觉得自己是有价值的，从而建立信心和自我价值感。他们也许不会取得最好的学习成绩或考试结果，但仍然能感到自己完成了一些有意义的事情。这给了他们使命感，课堂环境也会因此变得更好。没有一个学生会在学校里待一整天而感到被忽视。为了提醒他们自己是这个集体的一分子，而且必须做贡献，我有时会站在门口，让他们每个人在进入教室前和我握手或拥抱。我经常拥抱他们。在他们允许的情况下，我会尽可能多地抱抱他们。"

大多数丹麦的学校直到孩子们初中毕业时才会公布他们的分数，其中一个原因是防止学校把学生按成绩分到不同的班。然而，即使没有分数，学生们都知道谁在哪个方面表现得最好——从数学至篮球等各个方面。梅特说："这没什么，孩子们应该被允许互相竞争。"但是她说良性和恶性的竞争之间有着很大的区别。恶性的竞争只让最好的学生受益，而良性的竞争能激励整个班级，让每个学生表现得更好。

"只有在一开始就创造一个健康的集体氛围，你才能创造良性的竞争。"梅特说，"如果每个人都觉得自己有责任让班级变得更好，那些比较好的学生就可以成为他人的榜样。如果有人在我的课上取得了好成绩，我不会到处宣传。作为老师，我的工作不是一直去提醒他们哪些同学在哪个科目上表现得更好或更差。但我会让学生们互相批改作业，并且让学得好的学生去教学得差一点的学生。他们由此便知道，如果遇到困难，可以随时提问或寻求帮助。当他们互相帮助的时候，我总是表扬他们。有时我会这样表达对他们的欣赏：'我们能在同一个班级里，难道不是很幸运的事吗？''我们班能有那么多同学互相帮助、互相鼓励，真是太幸运了呀！''天呐，我们难道不是世界上最棒的班级吗？'"

和学生亲近的个人关系也让梅特了解到她的学生在校外都做些什么以及他们都在培养自己的哪些才能。有的人可能喜欢上了一项新的运动，有的人可能在假期去了一个有趣的国家。梅特会尝试将孩子们的个人经历与课堂结合起来。

"下周我的学生们将研究一个关于精神疾病的项目，并在全班同学面前做一个展示。所以我问那个'体操男孩'和一个爱跳舞的女孩，他们能不能发挥他们的才艺，结合起来做一个展示。当然，不只是表演一段舞蹈或者体操，而是展示与研究报告主题相关的内容。也许他们可以写一首诗，并表演一支以精神疾病相关内容为主题的现代舞。他们完全可以自己决定以什么方式表现，从而更好地发挥自己的才能。我的很多教学内容都是迎合他们的兴趣，鼓励他们去做自己擅长的事情。我的班上有个爱唱歌的女孩子，当我们在做一个与儿童权利有关的项目时，她写了一首歌，把曲子录好，并在全班同学面前演唱。这样的经历对那些成绩不在前10%的学生来说尤其重要——他们可以在其他领域做得更好。他们不会因为排名不够靠前而不被重视，而这一点有时会被老师和家长忽略。每个孩子都应该感到自己对老师、班级、家庭和社区来说永远都是重要的一分子，有很多条路可以通往幸福美好的生活。这是我能教给学生的最重要的一点。"

对于有些家长来说，这样可能还不够。对自己孩子寄予极高期望的斯堪的纳维亚家长，有时会与鼓励孩子发展自身天赋的老师产生分歧和理念上的冲突。把孩子送到丹麦的公立学校意味着失去一部分影响力，家长需要相信老师这样教育孩子的意图，也必须相信斯堪的纳维亚的教学方式。这种教学方式不是一直强迫孩子学习，而是让他们按照自己的节奏发展才能。

"我对我所有的学生都寄予厚望。"梅特说，"我对他们提很多要求，并且严格执行，毫不妥协。我希望他们在进入高中的时候能养成良好的做事习惯，并充分了解这个世界。但对他们来说，更重要的是自信心和自我价值感。如果他们拥有这两点，其他的通常也会随之而来。我告诉我所有的学生，我对他们的期望很高，他们应该坚持以最高的标准要求自己。他们将活出各自不同的人生，但必须尽自己最大的努力追求卓越。拿不到好成绩并不是什么世界末日，最关键的是不要对自己失去信心。"

当然，梅特的鼓励并不总是奏效。在跟学生们畅聊私事、一对一交谈和开各种班会之后，梅特仍要面对那些对学校完全失去兴趣的学生。

"我有时会拿那些根本不愿付出努力的孩子没办法，我的很多同事也有这样的烦恼。这可能和斯堪的纳维亚人抚养孩子的方式有关。许多孩子在很小的时候就被告知，他们可以选择自己的人生方向，做任何他们想要去做的事。与大多数其他国家的孩子相比，他们在成长的过程中非常独立。这对老师来说是一个挑战，因为你需要很清楚你对他们的期望是什么。我有一个初一的学生，他每天来学校后，总是瘫坐在教室后面的椅子上，完全不想参与到课堂中。跟他在一起的时候，我试着抓住一些小事情。我要确保他按时到校并在坐下之前先脱掉外套。不管他的懒惰态度让我多么恼火，我一定要表现出我仍然喜欢他。我不会生他的气，因为如果我生气了，他马上就会注意到，就会更没有动力做出任何努力和尝试了。我得先让他喜欢我。也许他会说我太严厉了，这对我来说没问题，我把这当作一种赞美，但他需要知道，我这样做是为了他好，在我的内心深处，他是个很棒的孩子。所以有时候，当我在教室里走动，所有的学生都在做作业时，我会小心翼翼地拉他的夹克，让他知道他应该脱下来，或者轻轻地拍他的后背，让他知道他应该坐直。我不想让他觉得难堪，所以我会偷偷地这么做。他不抱怨，也不顶嘴，只是暂时失去了动力。"

一旦失去动力，就很难再找回来，但梅特对他的关注有助于了解他的动机。她与这个坐在教室后面无精打采的男孩一对一交谈之后意识到，就像许多同龄的男孩一样，他也沉迷于电脑游戏。

"所以我让他一定要每天把电脑带到学校来。我告诉他：'整理一下你的书包，带上你的电脑，我们的下一个项目需要做一些编程。'有时候，你得努力挖掘才能发现这些青少年喜欢的东西。但当你发现之后，通常会看到他们的眼中又有了光。"

**梅特·彼得森对
关心学生的建议**

● 每周安排时间了解班里学生的身心健康状况。父母也可以这样做，问问你的孩子他们的感觉如何以及他们在日常生活中是否有什么想要改变的地方。

● 保证学生之间是互相认可的。你需要经常提醒他们，每个人都是这个集体的一分子，其中一个简单的方法就是让他们早上见面时相互问候、打招呼。

● 发挥每位学生的长处，让他们在学校尽可能地施展自己的才华。在课堂上只看重学业水平是很有风险的，容易把学生划分为优等生和差等生。

帮学生
找回学习的兴趣

彼得·克拉夫，41 岁，哥本哈根大学教育社会学硕士，教龄 11 年，在哥本哈根的湖边学校教数学、德语、社会研究和体育，曾任高中辅导员。

许多丹麦的学生在高中毕业后会休息一段时间。他们会找一份工作或环游世界，与此同时决定接下来要做什么。他们的父母经常鼓励孩子们这样做，他们相信工作经验和旅行可以塑造性格，为年轻人的大学生活做准备。在丹麦，这段时间被称为"休假"、"无所事事的岁月"，甚至是"游手好闲的岁月"。许多高中毕业后的丹麦学生都选择在这件事情上花上一两年的时间。

　　而彼得·克拉夫花了六年的时间。他先是应征入伍，然后打算读一个经济学学位。他数学一直很好，希望以后进入金融领域工作。他在哥本哈根大学学习经济学，却发现自己注意力不集中。彼得一直是一个非常喜爱社交的人，但他的同学们大部分时间都在埋头读书。第一年的经济学课程很难懂，每个人似乎都只谈论考试。彼得觉得他再也无法了解其他同学，于是只读了一个学期就退学了。

然后彼得尝试了各种不同的工作，攒钱环游了东南亚。回国之后，他接受了一份在哥本哈根的一所学校担任代课老师的工作。只有在职教师请了病假而没有同事能代课的情况下，代课老师才会上任。他当时没想太多，以为教书不过就是另一份工作，但他很快发现，自己有跟高年级学生交流的天赋。他很善于吸引他们的注意力，初二初三的学生都喜欢听他的，他发现自己也很喜欢和学生们在一起。彼得幽默风趣，喜欢讲笑话，也经常自嘲。他跟学生说，他花了许多年试图弄清楚自己想要过怎样的人生，他是如何从大学辍学，换了一份又一份工作，仍不知道下一站是哪儿。孩子们聚精会神地听着，然后也开始分享相似的想法。他们中的许多人也不知道自己想学什么，或以后想要从事什么样的工作。孩子和老师之间产生了心意相通的感觉。彼得理解孩子们漫无目标的状态，感同身受，想通过自己的努力帮助他们。彼得此时恍然大悟：也许帮助孩子们就是我这辈子应该做的事？也许我折腾了这么多年的意义就在于此？也许我的人生目标就是去帮助这样的学生？

于是，彼得很快考上了师范学院[1]。师范学院的社交氛围比经济学学院的好多了，他一边学习，一边继续担任代课老师。毕业时，他被哥本哈根的湖边学校录用，现在在这所学校教德语、数学、社会研究和体育。彼得还拥有哥本哈根大学的教育社会学硕士学位。此外，他

1　在丹麦，要想在中小学当全职教师，都要先在师范学院学习四年，攻读至少两门专业课程。大多数的高中教师都是大学及以上学历，比如拥有硕士学位或两个学士学位，并在大学里修完一个为期一年的课程，学习如何与学生交流以及教学的方法和策略。

还在哥本哈根的一所高中担任过辅导员 [1]，帮助那些失去学习动力或者不确定毕业后要做什么的学生。

"我认为我很擅长现在的工作，因为我年轻时也一直不确定自己应该做什么。"彼得说，"这让我更容易给学生提出有效的建议。我常常利用自己过去的经验'现身说法'，使学生能够体会到我当时的感受，再让他们看看我今天是多么快乐，他们就能明白，即使对未来的事物感到不确定，依然是可以战胜恐惧、渡过难关的。"

彼得在教学时，他总是会留意学生动力下降的早期迹象，从各种各样的线索中发现它们。有些学生会没精打采地坐在椅子上，有些会不做作业，或者记不起来

---

1 丹麦所有的学校（包括高中）都有辅导员来指导学生的就业问题。每个地区还会特邀专门的顾问在各高中进行巡回演讲，给学生们介绍不同的继续教育选择和申请方法，并为有需要的学生提供一对一的咨询。彼得·克拉夫作为特邀顾问，在哥本哈根工作了两年。

应该带哪些书到学校。也许有点缺乏计划性听起来没什么大不了的，但是忘带课本或必需的材料会让学生很难参与课堂，继而可能会毁了他们在学校度过的一天。彼得还有一些学生对他们的成绩或者要上哪所高中过于焦虑，这对学习动机也是有害的。在最糟糕的情况下，学生可能会产生应激反应、焦虑发作或出现抑郁症的早期迹象，而这一切仅仅是因为他们对上学感到厌倦。彼得必须在这种情况发生之前进行干预，让学生们回到正轨。一旦学生产生了应激反应，他们可能需要几周甚至几个月的时间才能准备好重新回到课堂上来。

彼得说："学生对上学失去兴趣最常见的原因不是压力或者疲劳，而是没有目标感。学生们会开始问自己：'为什么要这么努力学习，上学的真正意义是什么？为什么我每天早上都要来这里，还要做作业？这一切究竟对我有何意义呢？'他们会翻开数学书，质疑为什么要学习那些表格和公式，或者为什么他们要学德语的语法……这些东西似乎在未来的生活中也不会用到，他们来这儿学习难道只是为了让父母开心吗？还有没有更大的意义？"

彼得的学生通常会在接近初中毕业的时候开始产生这些疑问，那时学生们的作业量上涨，他们要开始为上高中做准备了。当然，他们不一定会说出这些想法，但大多数学生都会经历在某个时刻的厌学情绪。

"我认为，一旦发生这种情况，老师和家长都要及时关注。这一点非常重要。作为一名教师，你必须能够解释为什么保持注意力、好好学习对学生来说很重要。你要能够解释为什么学生要每天早上来上学并不断学习。这可能听起来非常简单，但是很多老师并没有认真对待。他们可能仅仅对学生说'我告诉过你们学习多么重要'或'法律规定所有的孩子都必须上学'。这些是不够的。虽然你说的是事实，但起不到激励作用。说一些冠冕堂皇的话甚至可能会让情况变得更糟。你需要给出一个更好的回答，一个让他们好理解，还能激励他们的理由。比如，有的学生数学学得比较好，他们通常会比较受鼓舞，但即便如此，如果他们没有目标感，也会对学习失去兴趣。我认为，带初三的学生去参观高中，体验一下高中的学习生活是个不错的办法。让我的学生看到高中生是如何使用他们学过的数学公式、语法和许多其他有趣的知识继续学习的，这相当于直接告诉他们为什么当下要学习这些内容——这些都是上高中时需要掌握的。我会带我的所有学生去高中参观，帮助他们建立目标感。"

彼得在授课时也会尽量使用现实生活中的例子，尤其是当所学的内容看起来有所重复时。学生们在初中三个年级的数学课上都要学习统计学，虽然学习的难度逐年增加，但每年学习同样的科目也会使学生感到没新意，彼得必须不断提醒他的学生，统计学在现实生活中也是很有用的。当他注意到他的一些学生开始在课间休息时玩扑克，他便开始用卡片和扑克筹码教他们统计学的应用，并利用近期足球比赛的结果来上课。对他班上的一些男生来说，使用这些真实世界的例子会让一切变得不同。尤其是那些注意力不集中的学生，当彼得开始谈论扑克或足球时，他们就会突然集中注意力。这样做对班里最优秀的学生也有帮助——整个班级都变得更加专注了，优秀的学生会更容易吸引老师的注意。在教学生社会研究的同时，彼得也试着引入一些让学生感兴趣的话题来讨论。比如，吸食大麻应该合法化吗？如果难民不工作，不为经济做贡献，他们应该被送回自己的国家吗？像这样的问题会刺激一些积极性较低的学生开始学习。彼得会在涉及政治或其他议题之前，先引入一个讨论，好让全班都参与进来。不过，仍会有一部分学生在学习过程中失去兴趣，每年都会出现几例严重厌学的情况。

"我不认为有什么万无一失的方法来解决这个问题，

但你必须接受有时候孩子需要休息的事实。每个人都曾有过想退学的念头。在初中快毕业时，他们的内心充满了各种各样的烦恼，他们担心自己的成绩，担心要去上高中，更需要找到上学的意义。有时他们还会遇到生活中的问题，可能会和父母或朋友吵架。类似的情况也发生在我辅导过的高中生身上，只不过他们担心的是高中毕业后的事情。如果跟女朋友或男朋友分手了，他们有时会感觉就像世界末日一样。青春期好像总让人感到许多压力，年轻人有时候就是想要放松放松。如果我看到一个学生失去了学习动力，我会把他拉到一边交谈，如果需要的话，我甚至会让他暂时把学习的事情放一放。作为一名老师，知道什么时候该督促你的学生，什么时候该暂缓是很重要的。如果学生的学业压力已经超出负荷，我会跟他说，少做点作业是没关系的，也会让他在课上休息一会儿，或者在某些天让他早点回家。我允许我的那些最不安分的学生从课堂中出去，呼吸一些新鲜空气再回来。他们甚至不需要征得我的同意，想出去就可以出去——这主要是为那些坐不住的男孩子准备的策略。我会时刻观察学生，看他们中是否有人需要更长的休息时间。如果发现有严重问题的孩子，我会单独给他制订个性计划，他可以几周不做任何功课。我告诉他一定要多睡觉，确保他在课余时间可以做自己喜欢做的事，但他必须来上学，这一点非常重要，可以确保他不会在班集体中被孤立。只是他暂时不需要做作业或者为交作业的事而烦心。因为当一个学生失去动力时，对他施加更大的压力对他而言没有任何帮助。如果他停止回应你，你再催促他也没有用了。当你给他时间去休整时，他会感到如释重负。经过这段时间的休息和调整，他不仅会心存感激，而且知道应该有所回报。由于我们之间保持着良好的关系，他会愿意回到正轨。由于我帮了他的忙，他会报答我。"

对有的孩子来说，仅仅从做作业中解脱出来还不够。丹麦的家长和老师经常用"学校疲劳"这个词来形容一个学生失去了动力。在这个时候，所有跟学校相关的事情都会让学生感到疲倦。如果这种情况持续下去，学生一直对学习没有计划或者无动于衷，彼得或学校的辅导员便可能会建议他们每周有一两天不来学校。很多丹麦学校都这样做。他们与当地企业有合作，学生可以不上学而在企业里工作。湖边学校与当地的超市、体育用品商店、报社和丹麦议会都有这样的合作，可以帮助学生进行调整。有时家长也会自己给孩子安排个地方。虽然维系这种合作关系会给老师带来更多的工作，他们要准备相关的文件和计划安排，但彼得认为这些努力都是值得的。几周之后，这些学生就会从新的视角看待上学这件事，并期待能够回到课堂上。

"在一段时间里做一些完全不同的事情，然后再回到学校，通常会有帮助。当我建议学生在上学日请几天假去做一些其他事情的时候，家长们总是担心他们的孩子会跟不上学习进度，或者成绩受到影响。所以，我们一般会做几周的试验先看看情况是否有所改善。结果通常是学生们会有更好的表现。"

彼得也承认，并非所有的学生都能一直保持全神贯注。处于青春期的他们有着旺盛的激素和做不完的事情。他们很有可能早上就无精打采，到了下午又瞌睡连连。

"到了下午两点，很多学生都很累了，所以我不会给他们过重的负担。这并不是因为他们懒惰，也不是因为我是一个无法引起他们注意的坏老师，而是因为他们的大脑和身体就是这样工作的。你可能是世界上最有才华的老师，但在下午两点到四点之间，你十几岁的学生就是难以注意到你。在这段时间里，我会试着给他们布置非常具体的任务。我从来不让他们在这段时间做小组工作或派他们去外面创造性地解决问题。我会给他们一个简单的小测、计算题或其他一些非常具体的任务。他们的精神状态在这段时间很差，不能对他们有太高的期望。还有一个原因是青少年不健康的生活方式也会影响他们在学校的状态。在丹麦的大多数中学，学生可以在休息时间离开学校。他们会去附近的商店买吃的，而且一般不会选择健康食品。他们总爱买热狗、苏打水和甜食，吃这些东西不利于他们在下午保持有效的注意力。青少年们也容易受学校以外事情的干扰，有的开始约会，有的会在周末喝点酒，有的熬夜玩电脑游戏，所以早上八点刚开始上课就累了。有很多理由可以解释为什么老师不应该过多要求青少年学生，为什么我们应该根据学生的需要来规划课程和安排教学。"

彼得会定期和中小学生谈论他们的学习规划。这是一个棘手的话题，他必须温和地提供选择的方向，同时确保学生能够做出自己的选择。他说，作为一名指导顾问，他最重要的职责之一是向学生们介绍可供他们选择的多种选项。

"在丹麦，教育是免费的，有超过 600 种不同的教育项目提供给高中毕业生。这些项目中大约有一半对分数没有特定要求，只要完成高中学业就可以去做。可不管怎样，我的许多学生都没有意识到他们其实有很多选择。他们都知道国际商务、经济学、医学和心理学，但这些专业都需要优异的成绩才能被录取。学生们可能会说，他们想成为律师或医生，因为他们的父母是做这个的，这也是他们唯一知道的工作。如果没有其他的选择，他们最终往往会选择和父母一样的专业，这对他们来说是一个更容易也更安全的选择。到现在我都不会劝阻他们选择和父母一样的职业，也不会劝阻他们学习商科或医学，但我确实想让他们知道，他们还有很多其他的专业可以选择。我还会强调，许多商业成功人士在高中时不一定是最优秀的学生，甚至在大学里也不一定是学习国际商务或是经济学的。像比尔·盖茨、史蒂夫·乔布斯等成功的企业家，他们有其他的优秀品质。成功不总是学术成就的反映，成绩好的学生并不总是明白这一点，他们可能认为只有高分才能打开通往好大学和高薪工作的大门，但衡量成功的因素其实有很多。比如，沟通能力就是其中之一。我花了很多时间帮助学生相互阐述新知识，试着教他们如何解释复杂的主题，阐述自己的想法。知道所有的数学理论固然很好，但能在 1 分钟内讲述一个想法或介绍一个产品的能力可能会在实际工作中更有用。能在大庭广众之下做演讲是很重要的能力，丹麦的学生在课堂上经常需要演讲。而且，并不是那些擅长学习的学生更擅长演讲，就像擅长数学并不一定意味着能够向别人讲好数学。我有一个学生在数学方面很有天赋，但是他的同学没有一个能够理解他的讲解。我告诉他要避免使用复杂的词语和概念，他需要学习如何向那些数学知识掌握得比他少的人解释数学问题。具体的知识和讲授的能力都很重要，掌握知识和演讲能力将大大提升一个人在大学以及以后的工作中成功的机会。"

彼得几乎所有的初三学生都打算去上高中，这是大多数丹麦学生的选择。但有时彼得也会建议他们探索其他的人生道路。他不相信高中是为每个人准备的，上高中需要付出很多的努力。对一些学生来说，偏向实践和技术的职业教育可能是更好的选择。

彼得说："作为一名指导顾问，很重要的一点是不去干涉孩子们的计划或家长们的意愿，但我必须确保他们了解自己的选择。当初二或初三的学生学起来特别困难的时候，我会建议他们的家长考虑一下高中以外的其他选择。当我谈论各种可能性的时候，我会完全保持中立，但有时我不得不更直接地告诉他们的家长，需要降低对孩子的期望。我甚至会在恰当的时机告诉他们，从孩子目前的情况来看，可能不会被他们期望的大学录取，而读高中可能不是最好的选择。我并不是说他们的孩子不会成为一名医生或律师，而是说他们的机会并不大，如果他们选择继续让孩子读高中，他们将面临艰辛的挑战。然后，我会向他们展示许多其他可供选择的教育方案。"

彼得认为学生应该尽可能自己做出选择。可是当你只有 14 岁的时候，你很难知道自己这辈子打算干什么，而承认自己不知道将来想做什么也很不容易。当人们不停地问你想申请哪所高中，或者你打算以后做什么工作时，最简单的方式就是按照别人对你的期待来回答。

"我的学生们经常会被提醒，他们要对自己的未来做出很多重要选择，而对未来没有规划可能会给人一种他们无法掌握自己人生的印象，这对他们而言是一种巨大的压力。我告诉我的学生，有时候不知道自己将来想要什么是一件好事。去问一些更有挑战性的问题，大胆去探索未来的可能性更能塑造一个人的性格，增强一个人面对困难时的韧性。他们最终可能会像父母所期望的那样上高中，然后在大学里学医，但在做选择的过程中经历一些不确定，并大胆尝试不同的选择也没有什么坏处。我告诉他们我的亲身经历，坦白交代我在学校所不擅长的所有事情以及我是如何花了很多年才想清楚自己要做什么的。我告诉他们，即使事情不像他们希望的那样发展，也没什么大不了的。我高中的生物考试就没及格，但是，嘿，我现在一样来这里了啊，那个考试并没有困扰到我。有时他们听到这件事会感到惊讶，他们的老师居然挂了一科重要的考试！但你看，我也是人，是人就会犯错。"

**彼得·克拉夫对提升
学习动力的建议**

● 不要压迫学生。如果学生对学习失去兴趣，你应该减轻他们的压力，而不是向他们施压。

● 成绩不能代表一切。许多其他的品质会增加学生日后成功的机会。

● 向孩子们展示，可供他们选择的人生道路非常多，并让他们充分了解。绝大多数学生迟早会找到适合自己的那条路。

让孩子
受益终身的艺术学习

玛丽安·斯卡鲁普，47 岁，曾经是一名专业的舞者，成为有资质的舞蹈老师已经 26 年了。如今，她在丹麦南部的霍普图普寄宿学校教舞蹈。

玛丽安·斯卡鲁普是那种一直都知道自己想要干什么的人。她记得在她两岁的时候，母亲带着她去接上舞蹈课的哥哥和姐姐，结果全家人要把她从地上拽起来才能把她带回家。

　　玛丽安站在她教课的健身房里说："我一直就想跳舞，我很小的时候就知道跳舞是我长大后甚至这一生都想做的事情。我3岁的时候开始学跳舞，上五年级时就在考虑去舞蹈学校了。我没上过高中，而是直接去了当地的舞蹈学院。还没满19岁，我就成了一名有资质的舞蹈老师。这并不代表我不是个好学生。我喜欢在学校上学，但是我更爱跳舞。每当站在舞台上，我就有种回家的感觉。"

在加入不同的舞蹈公司并在欧洲各地表演后，玛丽安在一所丹麦寄宿学校找了一份兼职。这是一种在斯堪的纳维亚国家很受欢迎的寄宿学校。在这里，学生在初中毕业和上高中之前会花一年的时间学习各种科目，结识新朋友，并且不跟家人住在一起。在丹麦有 264 所这样的学校，提供从哲学、电脑游戏到骑马等各种课程。当然，还有音乐和舞蹈。

起初，玛丽安只想在这所学校工作一年，然后再回去表演。但她爱上了这份工作，便留了下来。现在她已经在丹麦南部两所不同的寄宿学校当了 26 年的舞蹈老师。

她说她之所以留下来并教了这么久，主要是因为在学年结束时可以看到学生们脸上的变化。她还记得他们刚开始上学时的神态。两者之间的巨大差异展示出了舞蹈和运动可以带给人的力量。

"学生们第一次来到舞蹈教室时，他们只是盯着地板，不知所措。到了年底，他们就能走上舞台，在观众面前表演了。差别太显著了。在短短一年的时间里，他们已经建立起了自信，找到了一种内在力量，而这种力量可能会让他们受益终身。"

无论是霍普图普还是丹麦的其他寄宿学校，都非常重视体育锻炼。学生每天早上 8∶30 开始有 30 分钟的运动时间，可以选择瑜伽、手球、长跑、举重或在附近的树林里散步。

玛丽安说："运动会唤醒孩子们，激活他们的思维和身体，一旦开始上课，运动的效果就能体现出来。即使只是在树林里走一小段路，也足以让他们清醒过来。他们无须让自己心跳加快，只要能活动一下身体，老师就能感觉到他们精神状态的不同。学生们运动后在课堂上的注意力会更加集中，体育锻炼能让他们保持一整天的学习状态。"

这并不是说玛丽安的学生缺少体育锻炼。他们一周有八个小时的舞蹈课，其中绝大部分时间都在跳舞。她班上大部分是女孩子。她会教不同风格的舞蹈以及身体工作的原理。她会讲到不同的肌肉群和它们的作用，教大家做呼吸练习以及放松的技巧。

"上完我的课孩子们会很累，但他们会很有收获。整天坐在教室里阅读或者一直敲键盘一样会让青少年感到累，而且会令他们变得情绪化，久坐也会令他们注意力分散。我的学生在课堂上也需要专注地学习新东西，而活跃的身体状态能使他们更容易集中精力。"

　　玛丽安知道，她教给学生的远不止舞蹈本身。他们通过学习如何蹲下、跳起和扭动身体，可以更好地了解自己。跳舞是一种建立自信和情感交流的方式。学跳舞会是一段影响深远的经历，特别是对十五六岁的女孩来说。

玛丽安说："我对学生既严格又诚实。如果他们犯了错误，或者我不喜欢他们编出的舞蹈，我都会直接指出。我也会让他们彼此竞争，因为良性的竞争能让他们提高水平。在课堂上模仿更好的舞者是完全没问题的，但你不应该为自己不如别人而自责。我也不允许他们抱怨或者为了谁跳得更好而争吵。"

开学之初，玛丽安会把她的班级分成两组，第一组的孩子跳得比较好，第二组的孩子需要更多的辅导，然后让这两个组在一起上课并轮流表演。他们的第一次演出将安排在开学一周后。

玛丽安说："这会让他们行动起来。"

表演结束后，两组选手还必须相互给予反馈，这在一开始是很不容易的。

"最开始他们不想这样做，因为害怕和被评价的人发生冲突。但最终他们会明白，给予建设性的批评和建议并不危险，之后他们仍然可以做朋友。于是他们就变得更加勇敢了。到了年底，他们都已经能放开讨论如何编舞，并给出具有建设性的意见了。"

　　接受和给予评价是成为一名舞者的必修课，但在大多数国家，舞蹈老师是唯一给出评价的人。而在斯堪的纳维亚，学生之间的互评更为普遍。

　　"我总是在纠正他们，于是他们也开始模仿我，使用类似的词汇和短语，给予诚实的和有建设性的反馈。他们懂得，这些评价并不是针对某个人的。用一些专门的术语或行话来描述舞蹈并互相给出真诚的评价并不会有损他们之间的关系，反而会让他们变得更加专业。我认为学会不将个人情感带入到工作中、保持专业性是非常重要的，他们即使未来不从事舞蹈职业，也可以在之后的职业生涯中运用这一点。"

他们之中的确会有一部分人选择继续跳舞。玛丽安与附近的一家人才学院合作，有时会派她的学生去参加选拔。她还与以前的学生保持联系，邀请他们加入她兼职组织的舞蹈团。还有一些学生会申请去丹麦或国外的舞蹈学院继续深造。

玛丽安说："开学的第一周我就能发现具有舞蹈天赋的人。当他们开始跳舞时，我就站在那里，默默地点头，心里想：'哇，我知道你怎么做就能成功。你可能还不知道，但我知道。'我不会强迫他们，但当他们鼓起勇气询问我关于舞蹈选拔的事情时，我总是鼓励他们去试试。"

当孩子们想要不上高中去追求舞蹈事业时，父母们有时会感到焦虑，他们担心孩子最终会失业，因为靠跳舞谋生并不容易。尽管如此，玛丽安还是会鼓励她的学生听从自己的内心，而不是按照别人的期望而活。

"当青少年热衷于某件事时，家长和老师要当心，千万不要抑制他们的热情。不管是谁，如果放弃了自己真正热爱的东西，到最后都难免会后悔。我不认为你非得有一个拿得出手的文凭或者非要去上高中才能成就一番事业，你需要的是真正的职业操守、健康的习惯和自律。从早上起床开始，你要能够充分地安排好自己的一天。作为老师，我最重要的工作就是教会学生养成良好的习惯。跳舞和其他体育锻炼都是养成良好习惯的好方法之一。你会养成每天早起、吃早餐、身体坐直、进行晨练的习惯。绝大部分舞者都是好学生。你跳得越多，你就越自律。你需要一遍又一遍地重复动作，直到做到位。我知道我教过的一些学生已经把舞蹈作为他们的职业，并且在很小的时候就养成了好的习惯。"

玛丽安相信，每个青少年都能从舞蹈中学到东西。这就是她开课的意义所在。她并不是要做一个寻找天才儿童的精英项目。在霍普图普寄宿学校的舞蹈课是为所有人开设的，大多数来上课的女孩只是单纯地喜欢跳舞。渐渐地，一旦学生们学会正确地跳舞，它就会成为一个强大的工具。

"一些学生在来我这里学习之前已经学过芭蕾舞。芭蕾舞者通常都很有纪律性，知道如何让自己的动作恰到好处，但有时他们的动作太机械化了，我会试着让他们放松一点。你需要放松才能真正跳得好，因为每个人都知道怎么跳，只不过是要让自己的身体跟随音乐律动。有时我会做一个小练习，让学生以最难看和最不协调的方式跳十分钟，我也一起瞎跳，这样可以缓解课堂里的紧张气氛。我希望确保我的学生能够运用自己的情感和直觉跳舞。我的一些学生虽然跳了很多年的芭蕾舞，却从来没有这样做过。他们必须学会如何享受自己所做的事情，而不是仅仅听从指示。我从不命令他们应该怎样做。我希望他们自己去看舞蹈的大千世界，而不是直接告诉他们哪种舞蹈风格会更好。"

在玛丽安的课上，学生们会组成小组，自己创作舞蹈。优秀的舞者会表演更高难度的动作，但每个人都必须做出贡献，在舞蹈中扮演一个角色，否则他们创作的舞蹈就不合格。

"这样做是要告诉他们，即使他们不是最厉害的舞者，对于团队来说也是不可或缺的，就像大齿轮组上的许多小齿轮，没有他们，一个舞蹈团就运行不起来，舞蹈编排和创作也是不完整的。"

并不是每个学生都能马上明白这一点，但玛丽安向他们表明，她不会接受任何差别对待。作为组员，他们必须互相支持。

"今年我只发出过一次警告，但我警告他们时非常严厉，我想我不需要警告第二次了。我们当时在练习地板动作，大家要轮流在彼此面前跳舞，有个女孩对另一个女孩翻了个白眼。我立即要求所有人停下来，并告诉他们我不允许类似的事情再次发生。我没有把翻白眼的女生叫出来，而是告诉全班同学要守规矩。从那以后，我就没再遇到过这样的麻烦。"

表演能让孩子们建立信心，玛丽安就经常让他们表演。对孩子们来说，表演一开始比较困难，尤其是对那些舞蹈天赋不够出众的孩子来说。但随着他们不断在其他学校表演、排练音乐剧并邀请嘉宾观看，他们最终会克服一开始的恐惧。他们在一个团队里互帮互助，会变得越来越善于表演。

玛丽安说："通过跳舞，我才成为今天的我。跳舞对我来说是一种疗愈，每当我在生活中遇到逆境时，我都能通过跳舞来化解不顺。当我第一次这样告诉我的学生时，估计他们根本不知道我在说什么。但在接下来的这一年里，他们慢慢开始明白，他们也可以用舞蹈来表达自己，释放压力。"

玛丽安一直对学生们说，技巧在舞蹈中并不是最重要的。这一点尤其会让孩子们感到困惑。玛丽安不断提醒他们，情感和他们要表达什么故事更为重要。

"跳舞其实是情感交流和表达的一个过程，我经常和学生一起讨论如何利用我们所拥有的经验来表现特定的情绪。对我的一些学生来说，把舞蹈跟感受结合起来是件很困难的事情，当尝试失败时，难免会有伤心和泪水，但这也给了我们一个机会来谈论这些感受，能让我跟孩子们更加亲密，同时让他们的舞蹈提升到一个更高的水平。芭蕾就是我所说的'外在的舞蹈'，从外表上看很漂亮，但舞蹈动作的背后缺少内涵。当我要求学生们去与自己的情感联结时，他们会觉得最困难。他们必须在学到的各种规则之下，非常努力地去寻找自己的情感和本能。"

当出现情绪化问题的时候，寄宿学校对学生来讲是个安全的环境。所有的老师和学生同住在学校里，学生需要的时候，老师就在那里。玛丽安早上跟学生们一起吃早餐，晚上睡觉前和他们聊天。

玛丽安说："我会和学生建立一种特殊的联系，我们会变得非常亲密。如果在课上出现什么问题，我们可以马上解决，不必等到下周上课再说。在寄宿学校读过书之后，学生们会开始以不同的眼光看待老师和成年人。他们不再只是把老师当成来教导他们的成年人，而是开始把老师当成活生生的人来看待。老师跟学生们一起散步，分享自己的事情。在寄宿学校，我是一个成年人，一位老师，同时也像他们的一个大姐姐，一个知心朋友。"

学生们也能学到很多关于成为集体一分子的意义。

在寄宿学校里，他们必须自己整理房间，帮忙做饭，打扫卫生。对于第一次离开家的学生来说，他们不得不开始学习如何照顾自己。

有时学生们会突然精神崩溃，有的是因为曾经有过艰难的经历，当他们孤身一人时，这些经历会突然浮现出来，还有的是因为害怕回家。每当这种情况发生时，玛丽安和其他老师会尽量帮助他们走出情绪的旋涡。

"去年我的舞蹈课上有个女孩看起来很快乐，身体也很好，但有一天她突然就不吃东西了。她不能再跳舞了，因为跳舞需要大量的能量，必须吃很多东西。我开始和她说话，她慢慢向我敞开心扉，谈了家里的问题。她一直非常善于隐藏问题，但现在明显需要获得帮助。如果她没有来我们学校，我不知道她会不会得到这样有效的帮助，还能否重新开始跳舞。"

玛丽安·斯卡鲁普对跳舞教学的建议

• 向学生解释：每个人都会跳舞！跳舞没有绝对正确的方法。他们也许不会成为专业的舞者，但应该互相支持来提升舞技。

• 让学生之间相互评价。告诉他们要真诚、善良。用自己的语言和行动给他们进行示范，让他们照着你的样子做。

• 花十分钟尽情地瞎跳吧！这样能让学生们放松下来，消除紧张情绪。

玩！好玩！好好玩！

阿斯特丽德·恩格伦德，63 岁，教龄 24 年，在费约岛上的费约学校教大部分的学科，曾多次获得《政治报》丹麦最佳小学教师奖提名。

费约岛距离丹麦首都哥本哈根 150 千米，只有乘船才能到达，是个安静祥和的地方。这个小岛上有两个小镇和一所学校，来满足全岛 462 个人的需要。岛上的学校里只有九名学生和一名老师。这个老师就是 63 岁[1]的阿斯特丽德·恩格伦德。每天早上醒来的时候，她都不太确定自己那天会教什么。

　　"对我来说，顺其自然很重要。"阿斯特丽德坐在她家的房子外面对我说。房子坐落在一座小山丘上，小鸟在一旁啾啾鸣叫，海面上波光粼粼。"因为我是学校里唯

---

[1]　在丹麦，老师的退休年龄是 65 岁，但标准是灵活的。有的老师可以早一些退休，有的老师到了 70 多岁仍然坚持教课。

一的老师，我不需要征求其他人的意见，我可以在最后一刻决定怎么给孩子们讲课。而大多数时候，我更喜欢让孩子们来决定。当我早上见到他们的时候，我会试着了解他们的心情，看看是否有什么特别的东西激发了他们的好奇心。我会让他们坐下来谈谈，看看他们在想什么。如果有个学生在早上问了一个问题，这可能就会决定大家这一整天要做的事情。我可能会说：'这真是个好问题！看看我们能否通过互相帮助来寻找答案吧！'"

丹麦王国的水域中有 1 000 多个岛屿，而瑞典、挪威和芬兰这样的国家拥有更多的岛屿。在这些小岛上，教师享有很大的自由。和阿斯特丽德一样，岛上的老师通常是当地学校唯一的雇员，有权决定如何利用教学时间。[1]

但这种自由并非偏远岛屿上的教师所独有，斯堪

1　在丹麦，政府曾开始将小型学校合并成大型学校，但自 2016 年以来，几个城市又开始将大型学校再次分成规模较小的学校。规模较大的学校没有实现他们所期望的好处。与其他国家相比，丹麦市政当局有很大的自由，可以决定当地小型学校与大型学校的比例。

的纳维亚国家的老师比世界上其他地方的老师都更加独立。在丹麦，甚至有法律规定，教师有权用他们喜欢的方法教课。所有的学校都有相同的学习目标[1]，所以全国范围内的孩子都会学习相同的科目，在初中毕业时参加相同的考试。但是他们怎么学、在哪儿学、何时学，完全取决于他们的老师。

这给了老师们很多自由，也给了他们很多责任。当你问他们喜欢自己工作的哪一面时，他们提到的第一件事往往是他们工作的独立性。他们会自己制订几乎一整年的教学计划，并且可以随时灵活地进行改变和调整。没有人会干涉老师的教学，包括学校校长、地方行政官员和政客。老师们可以自由决定使用哪些书籍、电影和其他材料。虽然丹麦各地区都为学校设立了中央书

1　丹麦所有的学校要完成教育部制定的学习目标。教师可以决定使用各种教学方法，但他们必须在一年中教授特定的学科。在初中，学生可以自己选修科目。但是在初三，也就是九年级毕业的时候，所有学生都必须参加统考，来证明他们掌握了课程要求。

库 [1]，但并不强迫老师去使用。他们只需要帮助学生为最后的统考做好准备，其他教学活动都可以自行安排。

正因如此，丹麦学校的教室里发生着许多不同的事情。许多教室会空着，因为老师们把学生带了出去，他们去公园或其他地方进行实地考察。因为不需要得到校长或家长的许可，老师通常可以带学生随时离开。校长负责招生、招聘员工和管理学校预算，但他们管不了课堂上的事情。在班上，老师们说了算。

保持灵活性意味着老师能够及时调整教学安排，也能更好地满足孩子们的需求和期待。

1　书库里有很多学科的书籍、电影和其他材料。只要老师们在网上订购这些材料，材料就会送到学校。以这种方式规划学年很容易，但不对老师使用这个书库做硬性要求。

北欧老师常常挂在嘴边的一句话是："学生应该自己决定在学校做什么。"真正的学习发生在老师和学生平等交流和对话的基础上，而不是老师告诉学生该做什么。玩耍、交谈和社交是孩子们学习的关键。这也是学习内容不该由政客、公务员或校长这些不参与学习的人决定，而是由老师和学生共同决定的另一个原因。

所以，即便在费约岛上阿斯特丽德的学校是独一无二的，她的教学方法跟所有北欧地区老师的却是异曲同工的。他们管理着自己的"小岛"或"小王国"，有着至高无上的地位。

"我们基本上有两种教学方式，"阿斯特丽德说，"第一种比较传统。每周二，我的学生们乘渡船去一所更大的学校上科学、音乐和历史课。每周五，另一位老师来到我们学校教孩子们英语。在这两天里，我们班的教室看起来和世界上大多数的教室差不多，一位老师站在黑板前，向学生提问和讲解。但其余的三天，学生们都归我一个人管，我们会做许许多多不同的事情。像我在丹麦的大多数同事一样，我不希望我的学生一直在教室里坐着不动地听老师讲课。儿童是视觉化的实践学习者，他们不只是通过听讲，而是需要调动所有的感官来学习。所以每当我站在黑板前，我都尽可能多地画画。我教数学时画图形，教文学和历史时画龙或者海盗，竭尽所能地帮助孩子们把所学的东西形象化。当然，能带孩子们走出去，亲自体验你教授的学科会更棒。"

阿斯特丽德带着她的学生每周至少骑车环岛一次。早上，她有时会问学生最近有没有在岛上发现什么有趣的东西。费约岛很宁静，但孩子们总能注意到周围的微小变化。阿斯特丽德的某个学生可能看到了田野里的一匹马，或者港口停泊的一艘新船。一旦发生这种情况，阿斯特丽德就会带全班同学一起去查看。这一点完全由老师自己决定。这里没有关于多少教育内容必须发生在学校里的规定，一切完全取决于老师个人。

"我试着把孩子们在白天的观察、提问和关注点作为我教学内容的切入点，总是找各种由头给他们布置当天的调查任务。当你准备好去聆听他们，孩子们总会有很好的想法，也会问很棒的问题。每个孩子都对这个世界怀有一颗天生的好奇心，他们都想变得更聪明，并通过周围的事物理解这个世界运转的规律。好奇心是学生身上最宝贵的东西，它比任何教学材料都好，也远比任何应用程序或电子设备有用。如果你让孩子们自己决定如何度过一天，他们会更有动力去学习。当有人确切地告诉你该做什么时，你永远不会感受到兴奋。但是当你让孩子们自己选择，他们就会变得非常乐于接受新知识，注意力超级集中。我尽量让孩子们保持这种状态。当然，他们仍然需要学习英语语法和除法运算，但当我们骑自行车去某个地方观察不同品种的马或了解船的工作原理时，我很乐意把这些知识点留到未来某个更好的时机再去讲授。"

很多斯堪的纳维亚的老师都会同意阿斯特丽德的观点。激发孩子们的好奇心，与他们分享经验是老师工作的本分，这可能看起来不像是在"教书"，但却是教育里面最重要的部分。在丹麦，"想象力"一词在法规里占有突出的地位。根据丹麦法律，丹麦的教师必须激发和建设儿童的想象力。[1]

"做到这一点很难。"阿斯特丽德说，"当我和学生们在一起时，我并不总是能够保持创造性的和灵活的教

---

1 丹麦于1539年制定了第一部《学校法》。这项法律被修改了很多次，现在被称为《公民学校法》。目前，该法律的第一段是这样写的："学校必须为学生的深度参与体验制定方法和模式，以便发展他们的认知和想象力，并让他们在参与和行动中获得对自身能力的信心。"

学方式。但我试着提醒自己保持开放的心态，时刻准备抓住一闪而过的灵感。我会用一天开始的前 20 分钟和孩子们聊天，听听他们有什么想法。当你仔细听他们说什么时，他们会把自己的想法表达出来。有时你需要把某个想法保留到日后某天再用，但在这段时间内，孩子们通常至少会提出一个问题或分享一个经历，让你可以用于教学。他们可能会提到一些他们在新闻中听到的难以理解的事情，或者是他们无意中听到的父母在讨论的事情。每当这种情况发生时，我都会努力使他们保持好奇心，顺着他们的兴趣走。这是一种很棒的感觉。它会让人觉得每一天都很充实，都是在期待和惊喜之中度过的。如果你做得好，你在教孩子们的同时，也是在和他们一起玩耍。"

当阿斯特丽德的一个学生在学校门口发现了一只死老鼠时，她取消了原定的课程计划，给小老鼠安排了一场葬礼。学校的体育馆被当成了教堂，孩子们聚集在一起，画棺材的草图。老师帮助他们用木工作坊的工具制作棺材。一辆婴儿车被改装成灵车，年龄最大的学生被任命为主持仪式的牧师。他写了一篇关于这只老鼠的悼词，并且在全班同学面前背诵。其他孩子组成了一个教堂唱诗班，排练要在葬礼上演唱的歌曲。

"我们花了一整天的时间埋葬这个可怜的小东西，每个人从头到尾都投入其中。可能在外人看来，我们只是在玩游戏，但实际上我是在为孩子们创造一个充满创造力和学习氛围的空间。角色扮演是一种很好的学习方式，尤其是对于天性好玩的儿童而言。他们通过进入玩耍的状态，可以顺便学到很多东西。"

每年都会有几周，阿斯特丽德和孩子们一起把学校改造成一个"超市"。孩子们用纸和硬纸板制作食物，把它们放在架子上展示，讨论定价。他们写好价格标签，并在全岛为他们的超市做广告宣传。他们甚至创造了自己的货币"ØRO"["Ø"在丹麦语中代表"小岛"，

"RO"和欧元（Euro）的尾音一样]。当这一切准备好之后，孩子们会轮流装扮成顾客和店员。

"超市中的角色扮演可以帮助孩子们了解真实的世界是如何运作的。在购物时可以练习加减法，也能学习到历史、语言和政治。我们经常讨论如何计算某件物品的价格，如何经营企业，如何赢利，如何营销产品，如何与客户沟通。孩子们会问很多关于如何运营超市的基本问题，然后一起讨论，最后他们能自己解决大部分的问题。作为老师，我只需要适时地引导一下，专心倾听他们说的话，在需要的时刻引导他们朝正确的方向发展。当孩子们沉浸在玩耍体验中，专注于一项有意义的任务时，学习自然而然地就发生了。"

阿斯特丽德的九名学生年龄在5—9岁，她说孩子们年龄的差异让课堂变得更加有趣。可能有些老师会认为混龄会使得教学更有挑战性，但她把这一情况变成了优势。

"作为一名教师，你必须随时准备调整。即使在每个人年龄相仿的班级里，你也要根据学生的个性和学业水平与他们交流互动。所有的孩子都是不同的，我认为教同龄的孩子更困难，因为他们觉得大家应该处于相同的水平。如果你允许一小部分非常有才华的学生把标准定得很高，那班里的其他学生就很难了。当其他学生跟不上标准，他们会感到沮丧并失去动力。在我的课上没有这个问题。我的学生年龄各不相同，他们知道学业水平的高低对他们来说是很正常的。"

阿斯特丽德曾经在一座更小的岛上的一所更小的学校里教书。那个岛叫聪岛，岛上有全丹麦最小的学校。当她开始在那儿教学的时候，聪岛学校和儿童中心只招收到两个孩子，当她离开的时候变成了八个孩子。当时她被诊断出患有乳腺癌，需要做手术。恢复之后，她决定继续当老师，正好费约岛的学校需要老师，她便来了这里，在这儿买了房子，很快就融入了这个社区。她说，如果你是周围唯一的老师，你很难不融入当地。放学后，有时她会让她的学生来她家玩，直到家长来接他们。

"当你在一个小岛上，为人处世的方式也可能不同，你需要灵活变通，大家互帮互助。你不仅是这个小岛上的老师，也是他们的邻居和朋友。你很快就会和岛上的其他家庭打成一片。当然，偶尔你也需要自己的空间，需要在注重隐私的个人身份和教师身份之间找到一个平衡。但这仅仅是发生在成年人身上的问题，孩子们在这件事上从来没有任何困难。他们在学校的表现和在我家里的表现不同。在学校里，他们知道必须听我的话，但在我家，他们表现得更像我的孙子孙女。"

在费约岛这样的小社区里，大家都彼此认识。学校、幼儿园和课外班都在同一栋楼里。孩子们每天早上八点半在一起唱歌，下午又一起上骑马或游泳课。在一个新生来学校上课之前，阿斯特丽德已经在隔壁的幼儿园认识这个孩子了。她刚开始教书的时候，幼儿园里只有三个孩子，现在有十四个，所以学校将在未来几年迎来更多的学生。

费约岛向我们展示了丹麦以及整个斯堪的纳维亚地区的学校是如何运行的。不同年龄的孩子混在一起学习被认为是有益的，而不是一种障碍。大陆上的大型学校不会强制不同年龄段的孩子们在一起上课，但有时也会选择这样做，因为学校认为，这样可以让年幼和年长的孩子彼此帮助，共同成长。就像那句谚语说的："养育一个孩子需要举全村之力。"所有斯堪的纳维亚的学校都很重视这一点。

"年龄较大的孩子很擅长教年幼的孩子，他们比大多数老师做得都好。我经常会让年纪大一点的学生给其他同学朗读，这不仅能建立他们的自信，帮助他们阅读，而且对年龄小一些的学生来说也会更有趣。我也鼓励年幼的孩子在数学或英语方面向哥哥姐姐们寻求帮助。这是最好的学习方式，因为给他人讲授可以帮助自己更好地理解事物。当一个 12 岁的孩子向一个 8 岁的孩子讲授某个概念时，你会惊叹于那个 12 岁的孩子对这件事的理解是多么深刻。我教的那些年幼的学生总是在年长的学生身后侧耳细听，观察他们的一举一动。"

**阿斯特丽德·恩格伦德
对教学的建议**

● 从孩子们的兴趣点出发来设计你的教学。只要你允许他们提问，他们就会问出许多有意思的、正确的问题。

● 鼓励他们进行角色扮演。孩子们平时就喜欢玩过家家，扮演不同的角色，因此，老师们有许多方式可以把角色扮演与教学相结合。

● 让年龄较小的孩子和年龄较大的孩子花更多的时间相处，这样每个人都能够从中获益。

10

真实的世界
在教室外面

托马斯·拉斯穆森，46岁，"现实世界学校"
（The School of the Real World）的创始人，专
门促进校内教师和校外专业人士建立联系与合作。
2012年，他获得丹麦市政协会颁发的国家创新奖。

学校一成不变，日子不断重复。世界各地的孩子们恐怕都意识到了这一点：他们每天看到的几乎都是没什么变化的事物——同一间教室，同样的老师，变得越来越难的书本和作业，还有年复一年的测验和考试。

　　但事情也许会有转机，也许孩子们不必每天都待在同一间教室里，也许他们不用总是和同一位老师待在一起。当孩子们走出学校，去森林、农场或者当地的企业，通常会发现新鲜有趣的事情。同样，当老师把社会上的人带到学校来，让他们介绍自己的工作，似乎也会对孩子们产生神奇的影响。

这种影响其实是众所周知的。许多研究已经表明，让外面的人来到学校以及让孩子们走出教室，会带来众多好处。所有丹麦的老师都知道这一点，所以他们会安排孩子们去实地考察或者邀请专家来到课堂上。但有些老师并不认为这样做是值得的，并且这样做一段时间后也难以坚持下去。因为做这样的活动需要事前准备和打破日常安排，而且老师们可能很快就没有好的目的地可去，也没有好的人选可以邀请了。

这时就需要像托马斯·拉斯穆森这样的人介入了。这位46岁的丹麦人运营了一个名为"现实世界学校"的组织，帮助教师与社会各界人士建立联系。托马斯负责寻找那些对自己的工作充满热情、有故事可讲、愿意花时间和孩子们相处的人，比如农民、猎人、养蜂人、渔民、观鸟者、会计、厨师、棋手、木匠等等。他的工作是帮助老师把学生带出学校，给孩子们提供观察事物的新视角。

托马斯说："这些活动对孩子们来说是一种愉快的体验，他们可以从中学习现实世界运作的原理。很多孩子深受影响。不管是到树林里去见一位猎人，还是去农场帮忙挤牛奶，孩子们都能直观地体会到不同种类的工作以及热爱劳动的人如何通过做各种不同的事过上幸福的生活。"

托马斯是两名小学教师的儿子，从小就喜欢做手工。他自2012年开始做这个项目。当时他正在一个生物动力农场工作，当地的学校和幼儿园会定期来参观。孩子们一年四季都可以去参观农场，在收获、烹饪和吃蔬菜之前，他们需要播种、浇水和打理。他们与农民、园丁、厨师一起讨论食物、可持续发展以及健康饮食相关的话题。托马斯在农场工作时，要做很多杂活。他学过平面设计，负责管理农场的网站，也在田间工作过。每当有孩子来参观，他都会在场，正是这段经历引发了他的思考。

"我发现当孩子们遇到一位真正的农夫或厨师之后，有趣的事情发生了。他们能在户外待上一整天，挖土、除草、浇水。那些有热情的劳动者也很擅长吸引孩子们的注意力。我们会通过调查问卷来了解孩子们在参观农场的过程中学到了什么。很多学生会说他们真的什么也没学到。他们告诉我们，他们喜欢挖土，喜欢谈论植物，但他们没记住什么知识，也不清楚在参观的过程中应该要去学习什么。但是当我们问到关于植物的具体问题时，我们发现他们实际上学到了很多，记住了很多关于农业的细节和事实。这让我意识到，可以在孩子们没有感觉到自己在学习的状态下教给他们一些知识。记得当时我想：'哇，如果事实证明这样做在农场里是可行的，那还有很多地方可以这样做！'这就是我和另一个同事发起我们这个项目的动机。"

若干研究也支持托马斯的这个观察结论。比如，户外活动有助于孩子学习。当一个班级或家庭进行户外活动时，他们之间会发生动态变化。孩子们会以不同的方式探索和玩耍，比起在学校，他们与其他孩子的互动会更多，也能得到更多的锻炼。他们比在课堂上说的话要多很多。丹麦的一项研究发现，孩子们在户外说的话跟他们的老师说的一样多。他们也会分享经验，这将帮助他们记住所学的知识。对冷热的感觉、身体上的锻炼和感官上的变化都能帮助他们回忆起他们学到的东西。在丹麦，一些教师认为，每周至少应该有一天在教室外面上课。

结识新朋友也有好处。托马斯的核心理念是：要让最了解某一个领域或主题的人来讲授它。

如果可能的话，教学不应该在教室里进行。在生物课上，孩子们应该去森林或海边见真正的森林管理员或者渔夫。其他国家的孩子也会进行实地考察，但那些活动往往就是带着孩子们去参观学校建在树林里的小屋，老师在那里指着制作成标本的动物和黑板来讲解大自然。孩子们虽然是在校外上课，但仍然感觉像是在教室里。在小木屋里讲课的老师可能也是照本宣科，并不会比平常在教室里讲课的老师更有动力和激情。托马斯要有野心得多。他想让孩子们走出学校，接触真实的世界、真实的工作和真实的人。

"于是我开始在当地寻找对此有兴趣的人，和他们进行沟通。我会去港口和渔民们聊天，去水族馆和非常了解鱼类的人聊天，去当地的农场和企业，和不同的人建立联系。最后，这个地方一共有 40 个人愿意加入我们的项目。他们平时都在户外工作，也很愿意分享自己的工作和爱好。"

因为托马斯让他们的出行计划变得简单了，老师们开始更多地带学生们外出实践，并开始邀请托马斯介绍的一些人来到学校和孩子们交流。后来，托马斯将业务扩大到其他地区，建立了更多的联系。他遇到了来自博物馆和当地企业的人，并开始和银行、税务部门合作——他们可以为年龄大一些的孩子们讲授贷款、债务和民营经济等话题。

"税收可能听上去是个让人提不起精神的话题，但我发现，有的人却能把绝大多数话题讲得生动有趣，而我只需要找到这些人。如今，我们的定位是帮助老师的旅行社。就像旅行社可以保证酒店提供早餐和当地的导游知道要做什么一样，我们需要确保我们提供的专家都能熟练地讲解他们平时的工作或爱好，这样老师们就可以自由选择去哪里参观、要去拜访谁。当然，有些老师也是一直这么做的。有些老师有自己的爱好和朋友，可以邀请他们到学校里，也有些老师很擅长计划实地考察之旅。不过，也有些老师几乎从不策划这些活动。当善于组织活动的老师退休了或者去了另一所学校，留下来的孩子们往往会错过这些机会。我们希望每个孩子都有平等的机会去体验这些活动。"

2012 年，托马斯的项目获得了一个享有盛誉的国家奖项——由丹麦市政协会颁发的国家创新奖。两年后，一项全国性的学校改革提高了将学生带出学校以及邀请校外人员来学校授课的频率。如今，托马斯的想法已经在丹麦的很多地方传播开来，并由地方政府提供财政支持。由于项目主要依靠志愿者运营，因此所需支出较低。

"当然，你要找到那些能够帮助老师的合适人选并不容易，但有时你会惊讶于他们是如何被发现的。我们找了一个想教国际象棋的人，但我很确定他不是这块料，因为他太内向了。但当他开始谈论国际象棋时，孩子们马上被他吸引住了。20秒后，全班都安静下来，目瞪口呆地坐在那里，仔细听他说的每一个字。他讲完后，孩子们以惊人的专注力连续下了两个小时的棋。这个家伙可能很害羞，甚至口齿不清，但孩子们能感觉到他对国际象棋的热爱。来自社会上各行各业的这些能人在解释自己所热爱的事物的时候，他们的热情和技巧总能让我惊叹。而保持热情对于很多老师来说都是一件有挑战的事。我想，每个人都需要鼓励，被鼓舞能使人真正感到兴奋。这不仅对学生有好处，而且也能让老师获益匪浅。"

托马斯还在一些学校讲述了自己创办公司的经历和感受。他做了七年的平面设计，但在有了双胞胎宝宝后就不干了。因为他的妻子怀孕三个月的时候住进了医院，他不得不关闭自己的公司去照顾她。如今，他对自己当时的决定感到开心。他的双胞胎孩子很健康，他也有更多的时间陪伴家人。正是在他被迫关闭生意后，他在生物动力农场找到了那份工作。

托马斯说："对我来说，让孩子们在现实世界中学习非常重要。课程不应该是抽象的内容，而应该是具象的、实在的，来自真实的世界，能够使孩子们容易理解并从中受益。可供选择的这类课程数不胜数。我们会让卡车司机来到学校给孩子们讲课，分享他在高速公路上的生活，讨论如何减少碳排放以及卡车超重的风险。大自然仍旧是最重要的话题。我们的大部分教学都发生在自然环境中，并与自然有关。目前，我们有很多孩子到野外学习如何寻找食物。春天来了，他们到森林里去采摘可食用的药草、野洋葱和荨麻。他们在炭火上烤面包，在实践中了解植物、气候和许多其他知识。还有一个养蜂人，他会给孩子们讲蜜蜂如何工作。他所讲述的不只是蜜蜂和蜂蜜，而是整个蜜蜂群体的运作规律，以及当蜂后焦躁不安时，蜜蜂家族的成员会如何反应。这会让孩子们对自己的家庭生活产生共鸣。他们还能了解到授粉的过程和原理以及蜜蜂数量不足引起的各种生态问题。孩子们通过聆听一个迷人而有趣的故事来学习这一切。像养蜂人这么有才华的人还有很多，他们都具有讲述某个话题的天赋。"

为了展开对现实世界的探索，教师们不得不抛开掌控。在课堂上老师说了算，有日常的规矩，老师可以很容易地看到学生们都在做什么。但当他们去到户外，或当有访客来学校讲几个小时，老师们就会失去一部分掌控。

"一开始，一些老师担心我们会代替他们的工作，他们习惯了在学校里充当权威。所以，我们必须说服他们，告诉他们从社会上邀请人来给孩子们讲课对他们会有哪些好处。我们永远不会干涉老师的自由，只是给他们提供可以选择的机会，前提是他们愿意接受。他们需要让自己的课程对学生更具吸引力。我认为有的老师应该改变他们看待自己职业的方式，把自己看作具有创新精神的企业家，不断调整他们的教学方法，以追求最佳效果。他们应该接纳各领域中的专家，而不是只去阅读各个领域的书籍。当涉及海洋的主题时，老师们不必花所有的时间准备浮游生物相关的材料。他们可以引入相关方面的专家给孩子们讲课，为孩子们创造良好的体验。我们有个合作的学校把他们的生物课带到了当地的一个湖边，还邀请了一位在哥本哈根大学学生物的大学生来上课。这样的学生并不难找，因为在丹麦，大学生需要花很多时间来学习如何向他人解释他们的研究，而去教小孩子对大学生来说是很好的锻炼。"

托马斯还认为，这些经历会对孩子们产生巨大的影响。养蜂人、猎人、生物学系的大学生都可以成为孩子们的榜样。让孩子们和他们相处，有可能最终会改变孩子们的人生。

"我们经常会听到成功人士说，他们有一位伟大的老师，是老师激励他们成为今天的自己。这是何其幸运的一件事！可是，大多数的学生在学校里只会接触到少数几个老师，所以碰上好老师的概率不高。我们所做的是让孩子们接触到一大群热爱工作的成年人，其中就可能会有人成为孩子们的榜样。我们想要增加他们相遇的机会。孩子们会欣赏这些人所做的事情以及他们怎样为社会做出贡献，其中一些人可能会受到启发，考虑从事农业或者生物学相关的职业。在丹麦，你不一定非要学习政治、法律或经济才能找到一份好工作。许多丹麦父母更希望他们的孩子最终从事自己热爱的事情，我们深有同感。通过让孩子接触不同的人，我们可以向他们展示人生中有很多条可以追求的道路。不同的方向指引着不同的职业道路，在任何地方都可以找到幸福。我们介绍的很多专业人士或榜样可能没有传统意义上的高学历或良好的教育背景。而有些学生在此之前可能也从未真正接触过木匠、农民或养蜂人。我认为，亚洲或美国的老师也可以做同样的事情。我坚定地认为，向孩子们展示世界上有很多人在做着自己热爱的事情的同时也过着有意义的生活，是教师应该做的事。并不是所有的学生只有读了大学才有光明的未来，我们需要告诉他们，可供他们选择的人生道路有很多条，它们各有各的不同。我们很难在孩子发展的早期就发现他们的天赋和兴趣，我认为最好的办法就是创造丰富的主题以及参与活动和接触不同人士的机会，看什么能够引起他们的好奇心，让他们由此继续发展。此外，一些最有创造力和驱动力的人也不一定接受过高等教育。我认识很多音乐家，他们在学校上学的时候就受到了他人的启发。可能是老师或其他什么人看了他们的表演大为赞叹，鼓励他们成为音乐家。学生即便仅仅能跟这些充满热情的人待上一天，也能被其深深影响。"

最近，托马斯开始邀请一些人来学校交流一些更严肃的问题，比如未成年母亲讲述没有做好养育孩子的准备所带来的挑战。大一些的学生在书上读到过这种问题，但当他们从 15 岁就当妈妈的人口中听到时，留下的印象要更深。曾经的罪犯、吸毒者和妓女也会到学校讲故事，讲述自己亲身经历过的挣扎。随着学生的年龄越来越大，他们接触到的问题也会越来越严肃。一年级时，孩子们大多去到大自然中学习有关动植物的知识，而当他们长大后，他们会接触到难民、气候变化、商业和经济等话题。

托马斯还跟那些难以满足学生体育锻炼需求的学校进行了沟通。这些学校很难找到善于激励学生运动和锻炼的老师。因此，托马斯建议，与其聘请新老师，学校不如用部分资金邀请职业运动员来教。这些运动员可能不是老师，但他们有很高的积极性，并且非常擅长他们所做的运动。一些学校现在让职业运动员接管了学校的体育馆，让他们来上体育课。托马斯相信，这在其他学科中也同样适用。学校可以雇用退休的木匠来当木工课的老师，或者雇用厨师来给学生们上烹饪课。

几乎所有在"现实世界学校"平台上提供的课程都是免费的。也有人利用这个平台为国际象棋俱乐部招收学生，或为当地企业做广告，但大多数人是想给孩子们提供学习机会的，因为他们热情满满，时间充裕。不过，托马斯还会建议学校保留一小部分预算用于聘请校外老师。

"只是让知识渊博和热爱自己专业的人每隔一段时间来一次学校，结果就会大不相同。再次强调，我并不是在批评学校里的老师，但长期重复做同样的事情的确会让一部分人感到不好受。偶尔有人帮忙来接管教室，对老师和学生都有很大的好处，会为教室注入一种不同的活力。当一位猎人装扮成动物的样子在森林里出现，给孩子们讲解动物的各个内部器官及其用途时，你会发现他们是多么兴奋。你会明显地感受到，他们有多么珍惜这样的体验。孩子们可能不会记住猎人所讲的全部内容，但他们记住的东西远比他们在教室里听到的多，而且会带着灿烂的笑容回到学校。"

托马斯·拉斯穆森关于引入专业人士进行教学的建议

●把现实世界带到你的课堂上，把你的学生带到现实世界中。不管你教的是什么科目，外面总有在这个领域懂得很多的人，而且他们也愿意与学生分享。

●不要害怕向别人寻求帮助。老师仍然扮演着重要的角色，你的学生需要你在他们身边。

●把自己想象成一名企业家，你的工作就是利用一切可能的方式把学生教好。